Stephan Oppermann OSB / Rita Mielke

Farb-Räume

Stephan Oppermann OSB / Rita Mielke

Farb-Räume

Ein Leben zwischen Glaube und Kunst

Bibliografische Information der Deutschen Nationalbibliothek:
Die Deutsche Nationalbibliothek verzeichnet diese Publikation in der Deutschen Nationalbibliografie;
detaillierte bibliografische Daten sind im Internet über http://dnb.d-nb.de abrufbar.

Die Bibelzitate entstammen der Einheitsübersetzung der Heiligen Schrift.

Druckprodukt mit finanziellem
Klimabeitrag
ClimatePartner.com/12514-2507-1016

FSC
www.fsc.org
MIX
Papier | Fördert gute Waldnutzung
FSC® C014889

Klimaneutrale Produktion.

Gedruckt auf umweltfreundlichem, chlorfrei gebleichtem Papier.

1. Auflage 2025

Karl-Schurz-Str. 26 | 33100 Paderborn | Tel. 05251 153-171

buchverlag@bonifatius.de

Umschlaggestaltung: Melanie Schmidt, Bonifatius GmbH, Paderborn

Lektorat: Gisela Appelbaum

Satz: Karin Cordes, Paderborn • www.Cordes-Art-Design.de

Druck und Bindung: Pustet, Regensburg

Printed in Germany

ISBN: 978-3-98790-095-2

www.bonifatius-verlag.de

„Was bin ich mir wert", Öl auf Holz, ARK Ausstellung Nexus, Koblenz Metternich, Juni 2022

Chromoxidgrün

Einführung

> Du gleichst einem bewässerten Garten,
> einer Quelle, deren Wasser nicht trügt.
>
> Jes 58,11

◆ *Was für eine Vorstellung: Einen Ort zu haben, der immer hoffnungsfroh ist, einen Raum, dessen Aura nie versiegt, weil sie immer neu gespeist wird. Dieser Wunsch verbindet sich mit dem satten, intensiven Grün von Bäumen, die regelmäßig bewässert werden.*

Bruder Stephan

Über dem Eifeltal hängen seit Tagen undurchdringliche Nebelschwaden. Schnee liegt in der Luft, eine klamme, schwere Feuchtigkeit hat sich ausgebreitet. Keine Spur von einem Himmel, kein einziger Sonnenstrahl bringt Licht oder Farbe in die Landschaft. Die wenigen Besucherinnen und Besucher, die den Weg nach Maria Laach finden, sind eilig unterwegs und trotzen dem Wetter mit dicken Schals, Kapuzen und Regenschirmen. Selten bleibt jemand auf dem Weg stehen für einen Gruß oder ein kleines Gespräch. – Es ist Januar. Und nach den strahlenden Feiertagen, dem Weihnachtsfest und dem Jahreswechsel, ist jetzt die Tristesse der dunklen Tage bis zu den ersten Anzeichen des Frühlings umso schmerzhafter spürbar.

Wenn Bruder Stephan über das Klostergelände zu seinem Atelier geht, lässt er die neblig-verhangene Stimmung des Laacher Seetals tief auf sich einwirken. Er mag diese besondere Atmosphäre, die etwas Geheimnisvolles und Symbolträchtiges für ihn hat. In ihr spiegelt sich eine der Grunderfahrungen seines Lebens: Dass wir es aushalten müssen, wenn sich die Wege unseres Lebens nur verhüllt präsentieren. Dass es Geduld braucht, bis sich die Sicht auf Fern- und manchmal Naheliegendes klärt – ohne dass wir selbst Einfluss darauf nehmen können. Dass die Hoffnung auf Licht am Ende des (Nebel-)Tunnels uns tragen kann in Zeiten, in denen wir uns wie eingekapselt und von aller Welt verlassen fühlen.

An diesem Morgen betritt Bruder Stephan sein Atelier mit spürbarer Unruhe. Die Räume der alten Schreinerei, auf zwei Etagen verteilt und am Rand der Klosteranlage in unmittelbarer Nähe zum Klausurbereich gelegen, sind hoch und eigentlich lichtdurchflutet. Aber angesichts des Dämmerlichts draußen braucht es drinnen den Schein vieler Lampen, um eine geeignete Arbeitsatmosphäre zu erzeugen. Eine große Leinwand, noch jungfräulich weiß, steht an seinem Arbeitsplatz bereit. Entschlossen greift er nach einer Tube mit roter Ölfarbe. „Brillantscharlach" steht auf dem Etikett. Genau dieses Rot ist es, das seit Tagen in seinem Innern gearbeitet und seinen Seelenraum gefüllt hat. Jetzt drängt es nach „draußen", ins Bild. Es ist ein Satz aus dem Johannesevangelium, der für ihn in diesem tiefen, leidenschaftlichen Rot seinen Ausdruck findet: „Marta sagte zu Jesus: ‚Herr, wärst du hier gewesen, dann wäre mein Bruder nicht gestorben'" (Joh 11,21). In der Geschichte von Lazarus, die Johannes hier erzählt, geht es um Hoffnungen, die auf eine gewaltige Probe gestellt werden, und um Erwartungen, die sich nicht, wie ersehnt, erfüllen. In Martas Satz, den Maria später genau so wiederholt, artikulieren sich Betroffenheit und Enttäuschung. Bruder Stephan kennt diese Erfahrung, kennt aus unterschiedlichen Phasen seines Lebens die Ratlosigkeit angesichts vermeintlicher Irr- und Abwege, für die eine Lösung, ein Ausweg nicht in Sicht ist. Das Bild, das an diesem Morgen entsteht, wird in seiner Farb-intensität davon erzählen, wie tief die neutestamentliche Erzählung ihn berührt. Denn es geht für ihn dabei um eine Kernherausforderung seines Glaubens – und um die Frage, die

Jesus nicht nur Marta, sondern jedem Christen stellt: „Glaubst du das?“ – Dass Jesus Lazarus vom Tod erweckt und ins Leben zurückholt, zeigt, wer er ist: „Ich bin die Auferstehung und das Leben. Wer an mich glaubt, wird leben, auch wenn er stirbt.“

Dass der Glaube an Gott und seinen Sohn ermutigen kann, trotz unerfüllter Hoffnungen und Wünsche, dass er denjenigen „Leben in Fülle“ verheißt, die auf ihn vertrauen und sein Leben an ihm festmachen: All das liegt für Bruder Stephan in dieser Bibelpassage verankert. Und es verbindet sich für ihn mit einer „Seelenfarbe“, die sein Inneres wie ein Raum umgibt – mit einem tiefen, leidenschaftlichen Rot, das kompromisslos und herausfordernd ist, stark und von einer mitreißenden Intensität.

Es ist dieses Farb-Bild, das Bruder Stephan vor seinem inneren Auge sieht und das er dann mit Pinsel und kräftigen Farbstrichen auf die Leinwand bannt. Ob das gewählte Scharlachrot auf der Leinwand identisch ist mit seinem „inneren“ Rot? Davon ist er überzeugt. Sehen kann er es nicht: Denn Bruder Stephan ist von Geburt an farbenblind, hat einen genetischen Defekt geerbt, für den die Medizin den Fachbegriff „Achromatopsie“ geprägt hat. Eine solche Störung der Farbwahrnehmungsfähigkeit tritt extrem selten auf. Dass ein Mensch mit dieser Sehstörung Künstler wird und Farben ins Zentrum seines Schaffens stellt, scheint auf den ersten Blick paradox. Nicht so für Bruder Stephan. Für ihn bedeutet es ein Glück, keine Ablenkung zu erfahren durch die „Buntheit“ der Welt. So kann er sich ganz auf seine eigenen inneren „Farb-Räume“ konzentrieren, kann in sie eintauchen und in ihnen zugleich die Räume seines Glaubens durchschreiten. Was sich dann vor seinem inneren Auge abzeichnet, bannt er ins Bild, gern großformatig und am liebsten mit dicken, kraftvollen Ölfarben ...

Der Januartag in Maria Laach bleibt trübe, dunkel, nasskalt. Aber im Atelier von Bruder Stephan hat der Tag unübersehbar eine Farbe bekommen. Und Bruder Stephan? Es hat für ihn etwas Befreiendes und Beflügelndes, ein Werk geschaffen zu haben, das er über einen langen Zeitraum in seiner Seele mit sich herumgetragen hat. Jetzt kommt er endlich zur Ruhe und kann sich konzentrieren auf die Aufgaben, die ihn im klösterlichen Alltag mit seinen Mitbrüdern noch erwarten. Spüldienst steht heute noch auf dem Programm, eine Familie hat sich für ein Trauergespräch angekündigt. Und auch in der Keramikwerkstatt wartet noch eine Menge Arbeit auf ihn ...

„75 Jahre Grundgesetz", Öl auf Holz, Texte des Grundgesetzes, Mai 2024

Fastentücher, Acryl auf Stoff, Kirche St. Gereon und Dionysius Monheim, 2023

Zinnoberrot

Meine Seelen-Farb-Räume

„Das ist mein Gebot, dass ihr einander liebt, so wie ich euch geliebt habe. Es gibt keine größere Liebe, als wenn einer sein Leben für seine Freunde hingibt. Ihr seid meine Freunde, wenn ihr tut, was ich euch auftrage. Ich nenne euch nicht mehr Knechte; denn der Knecht weiß nicht, was sein Herr tut. Vielmehr habe ich euch Freunde genannt; denn ich habe euch alles mitgeteilt, was ich von meinem Vater gehört habe. Nicht ihr habt mich erwählt, sondern ich habe euch erwählt und dazu bestimmt, dass ihr euch aufmacht und Frucht bringt und dass eure Frucht bleibt. Dann wird euch der Vater alles geben, was ihr in meinem Namen erbittet. Dies trage ich euch auf, dass ihr einander liebt. Es gibt keine größere Liebe, als wenn einer sein Leben für seine Freunde hingibt.

Joh 15,12–15,17

◆ *Es gibt kein größeres Gefühl. Denn Liebe umfasst alles, meint bedingungslose, grenzenlose Hingabe, aber auch die Nachtseite – abgründigen Hass und eine Wut, die die Grenzen alles Menschenmöglichen sprengt. Wenn wir wesentlich sind bzw. werden, bewegen wir uns zwischen diesen Polen, lassen alles Flüchtige und Unverbindliche hinter uns. Dabei eröffnen sich die Farb-Dimensionen eines Raumes, der meine Vorstellungskraft übersteigt und der eine Ausstrahlung hat, für die Worte viel zu schwach sind.*

Bruder Stephan

Die Texte des Alten und Neuen Testaments, aber auch die Psalmen in ihrer so ganz eigenen poetischen Sprache begleiten uns Mönche in Maria Laach (wie in allen anderen Klöstern) durch den Tag und durch das Jahr. Einzelne Verse und Zeilen, immer wieder gehört und immer wieder bedacht, haben sich auf immer in meine Seele eingebrannt. Sie beschäftigen mich, fordern mich heraus, greifen meine eigenen Stimmungen und Gefühle auf – oder wecken meinen Widerstand.

Es gehört zu den prägenden Erfahrungen meiner Noviziatszeit, dass die Bibellektüre Räume im eigenen Inneren erschließt, die ich so zuvor nie betreten habe. Im Nachdenken über einzelne Abschnitte eröffnen sich Verstehenshorizonte, die eigenes Erleben und persönliche Erfahrungen in ein neues Licht rücken, Selbst- und Welterfahrung der besonderen Art.

In meinem Fall haben die Worte der Bibel noch eine besondere, zusätzliche Qualität. Denn wann immer ich mich mit bestimmten Absätzen beschäftige, wenn ich sie für mich aufrufe, dann entsteht parallel dazu vor meinem inneren Auge eine bestimmte Farbe, eine Seelenfarbe. Farbe und Botschaft gehen in meiner Seele eine einzigartige Verbindung ein. Sie bilden für mich einen imaginären Raum, den ich betrete und in dem ich mich wiederfinde, mit meinen Gedanken und Gefühlen, mit meiner Freude und meiner Dankbarkeit, mit meiner Angst, meinem Weltschmerz, meinen Zweifeln und zuweilen mit meiner Verzweiflung.

Was ich in diesen inneren Farb-Räumen erlebe, was ich dort erfahre und empfinde, ist die Grundlage meines künstlerischen Schaffens. Es drängt nach „draußen", will sich mitteilen, will Form, Gestalt und Farbe annehmen. Meine Kunst hat ihre tiefsten Wurzeln in diesen meinen inneren Seelen-Farb-Räumen. Sie ist Ausdruck meiner Suche, meines Fragens und meines

Ringens um Antworten. Mehr noch: Um mich in Beziehung zu setzen zu der Welt, die mich umgibt, und zu dem Gott, an den ich glaube, um das Leben, mein Leben, in seinen Höhen und Tiefen, seinen Wegen und Abwegen, zu verstehen, brauche ich meine Kunst. Sie ist – im wahrsten Sinn des Wortes – die Sprache meines Lebens.

„Judas, Gesichter der Passion", Acryl auf Leinwand, Gästehaus Maria Laach, 2024

„Ich habe dich bei deinem Namen gerufen; du gehörst mir."
Öl auf Karton, Berufsförderungswerk Vallendar, 2024

Neapelgelb

In den Räumen der Stille

> Entfernt hast du von mir Freunde und Nachbarn, mein Vertrauter ist nur noch die Finsternis. Ps 88,19

◆ *Diese Farbe öffnet für mich den Blick auf den Himmel. Sie steht für die Sphäre, die Himmel und Erde miteinander verbindet und unser Dasein reich und lebendig macht.* Bruder Stephan

Welche Farbe hat die Stille? Bei einer Umfrage vor ein paar Jahren antworteten 22 Prozent der Befragten mit „Blau". Für „Weiß" und „Grün" entschieden sich je 15 Prozent, 13 Prozent für Schwarz. Jeweils elf Prozent antworteten mit „Silber" oder „Grau".

Welche Farbe hat die Stille? Für Bruder Stephan ist es „Gelb", „Neapelgelb": Diese Farbe hat für ihn zwei Seiten. Das unterscheidet sie von allen anderen Farben. „Neapelgelb kann strahlend, überwältigend, ein himmlischer Schatz sein. Aber sie hat auch eine hässliche Seite: Dann ist sie kalt, abweisend und zutiefst verstörend. – Genauso hat auch Stille ihre zwei Seiten. Und ich kenne und erlebe beide immer wieder."

Aus dem Lärm des Alltags in die Welt hinter den Klostermauern einzutauchen, das verbindet sich für viele Menschen mit der Vorstellung einer Atmosphäre der Stille und mit Räumen, die nicht mit Stimmengewirr, Straßengeräuschen oder dauerberieselnder Musik gefüllt sind. Bruder Stephan geht noch weiter: Stille, sagt er, das ist nicht nur ein akustisches, sondern auch ein optisches, ein alle Sinne berührendes Phänomen. Stille meint dann die Abwesenheit all dessen, was unsere Sinne im Alltag vereinnahmt und überflutet mit einem Zuviel von allem. In der stillen Abteikirche zu sitzen oder nach einem langen Tag in die Stille des eigenen Ateliers zurückzukehren, das erlebt

Bruder Stephan als Glück. An einem lauen Sommerabend über den klostereigenen Bootssteg an den Laacher See zu spazieren und die unvergleichliche Atmosphäre zu erleben, wenn sich die Dämmerung allmählich ausbreitet, das Gezwitscher der Vögel verstummt und selbst der Abendwind sich verabschiedet, fühlt sich an wie eine heilsame Massage für die Seele. Fast körperlich spürbar ist dann, wie sich die Ruhe der Natur auf das eigene Innere überträgt, Gedanken und Stimmungen besänftigt und einen neuen Frei-Raum für die Seele schafft.

Je länger man solch wohltuende Stille aufnimmt, umso mehr werden die eigenen Sinne geschärft, für kaum hörbare Zwischentöne, für Formationen in der Landschaft, für Schatten- und Lichtspiele. In der zur Ruhe gekommenen Natur eröffnen sich Räume der Wahrnehmung, die sich nur demjenigen erschließen, der sich auf das Abenteuer der Stille einzulassen und es auszuhalten vermag. Stille ist dann ein Reichtum, ein Luxus. Sie schafft Zugang zu neuen Erfahrungen und neuen Welt-Sichten.

Als Bruder Stephan 2024 eingeladen wurde, für das CJD Berufsförderungswerk Koblenz in Vallendar ein Bild zu gestalten, musste er nicht lange überlegen. Die Idee, innerhalb der großen Bildungseinrichtung, die täglich von vielen Teilnehmerinnen und Teilnehmern besucht wird, einen „Raum der Stille" einzurichten, begeisterte ihn. Schülerinnen und Schüler aus metallverarbeitenden Berufsrichtungen hatten für den Raum der Stille bereits ein Vortragekreuz und einen Kerzenleuchter gestaltet. Sie fertigten auch die querformatige, ca. 168 x 420 cm große Metallplatte für Bruder Stephans Bild. Aufgrund des Gewichts war ein Transport nach Maria Laach nicht möglich. Also beschloss Bruder Stephan, seine Malutensilien zusammenzupacken und das Bild direkt vor Ort zu schaffen – „eine gute Erfahrung, denn so konnte ich die mich umgebende Atmosphäre des Ortes unmittelbar in das Bild einfließen lassen".

„Keinem gabst du alles – und keinem nichts. Jedem gibst du einen Teil." Diese Sätze aus einem Tagesgebet der Heiligen Messe inspirierten ihn, analog zu der Zielsetzung der Bildungseinrichtung, die darauf spezialisiert ist, Menschen mit gesundheitlichen Einschränkungen aufgrund von Erkrankung oder Unfall eine berufliche Rehabilitation zu ermöglichen. Schwarz und Blau und ein bisschen Grün dominieren den Rand des Bildes. Unruhe, Verstörung sind spürbar, eine Welt, die aus den Fugen ist. Aber je mehr es den Blick in die Mitte des Bildes zieht, desto stärker wird der Eindruck von Licht, gestaltet mit kräftigem Neapelgelb, das der Unruhe Einhalt gebietet, das still macht und auf die Mitte fokussiert. An zentraler Stelle im Raum der Stille positioniert, bietet es für diejenigen, die den Raum aufsuchen und vielleicht ein bisschen Abstand von der Hektik des Lehrbetriebs benötigen, einen optischen „Haltepunkt". Hier kann das Auge, können die Sinne und die Seele ausruhen.

Wohltuende äußere Stille ist Seelenbalsam und eine Erfahrung, die Bruder Stephan in seinem Leben nicht missen möchte. Er ist überzeugt, dass man das lernen, seine Sinne dafür schärfen kann, im Getriebe des Alltags solche kleinen Inseln der Stille bewusst wahrzunehmen und aufzunehmen. Allerdings weiß er auch aus leidvoller eigener Erfahrung, dass Stille eben auch ganz anders sein kann. In seinem Leben hat er immer wieder auch andere Situationen erlebt, Augenblicke, in denen Stille sich wie eine zentnerschwere Last auf seine Schultern gelegt hat, beklemmend, bedrohlich, verstörend. Stille, wenn sie sich in das Gewand der Leere hüllt, kann an den Rand der Verzweiflung führen. Bruder Stephan erinnert sich lebhaft an die erste Zeit seines Noviziats, an Stunden allein in der Abteikirche, in denen er sich verloren, im Stich gelassen von Gott und der Welt fühlte, weil von nirgendwo eine Antwort auf all die vielen ihn bedrängenden Fragen kam. Sich dann zurückschleppen zu müssen in die Zelle, die ebenso still und „leer" war: ein gewaltiger Kraftakt, für den es eine Menge Selbstüberwindung brauchte. Auch die beklemmende Stille vor einer leeren Leinwand ist ihm vertraut. „Kreativität funktioniert eben nicht ‚auf Knopfdruck'. Sich hinsetzen mit der guten Absicht, ein Bild malen zu wollen und dann zu spüren, da ist nichts und kommt nichts, kein kreativer Impuls, kein inneres Bild – das erschüttert die Künstlerseele."

In seiner Arbeit als Trauerbegleiter und Bestatter begegnen ihm häufig Menschen, die einen geliebten Partner verloren haben und ihren Verlust mit dem Satz beschreiben: „Es ist so schrecklich still geworden." Zwei Menschen, gerade wenn sie lange gemeinsam gelebt haben, können über viele Stunden des Tages schweigend neben- und miteinander sein. Aber wenn es etwas zu erzählen, zu erfragen, auszutauschen gibt, ist jemand da, ein Ohr, eine Stimme. Dieses schweigende Einvernehmen ist um Welten verschieden von jener beklemmenden Stille der Einsamkeit, in der sich die Trauer des Verlustes und die Trauer der Einsamkeit manifestieren.

Längst hat Bruder Stephan erkannt, dass die äußere Stille mit einer inneren Stille oder eben auch dem Fehlen derselben korrespondieren kann. Wenn seine Künstlerseele nicht zur Ruhe findet, wenn er sich aufreibt an Dingen, die ihn umtreiben, an Begegnungen, die unschön oder deprimierend waren, wenn er abgelenkt wird durch Alltagssituationen, die ihn als Mensch und Person infrage stellen: Immer dann empfindet er den Raum in seinem Innern als angefüllt mit einer ohrenbetäubenden „Lärmkulisse", gegen die er sich zumeist ohnmächtig fühlt. Diese innere Unruhe schlägt alle positiven Gedanken in die Flucht. „Und das ärgert mich am meisten", sagt er, „dieser Groll, der dann aufsteigt, diese schlechten Gefühle, die einen herunterziehen. Da geht die eigene Würde baden, weil man sich verzettelt in niederen Emotionen. ‚Das bist doch nicht du', ermahne ich mich dann selbst und versuche, mich von diesen schlechten Vibes freizumachen. Denn ich weiß sehr wohl, dass ich in der gleichen Zeit etwas Schönes schaffen und damit etwas Positives für mich tun könnte."

Still zu werden, innere Ruhe zu finden, das ist für Bruder Stephan eine Gnade – und ein Luxus. In solchen Momenten ist es fast gleichgültig, wie laut die Umgebung um ihn herum ist. Das ficht ihn dann nicht an.

Im Ideal treffen innere und äußere Stille aufeinander. Das lässt sich nicht erzwingen. Aber es gibt einen Moment, von dem, sagt Bruder Stephan, zuverlässig eine solch überwältigende Stille ausgeht: In jedem Karfreitagsgottesdienst, wenn die Mönche rund um den Altar sich in einer großen Geste der Demut, „Prostratio" genannt, vor dem Altar flach auf die Erde legen, die Stirn auf die ausgestreckten Arme, in einer Geste, die Demut ausdrückt und schutzloses Sich-Ausliefern. Das schweigende Tun der Mönche überträgt sich auf die Menschen in der rappelvollen Abteikirche. Und auch dort tritt dann ein fast atemloses Schweigen ein, bei dem kein Huster und kein Rascheln mehr zu hören sind. Diese große Stille der Menschen wiederum kommt wie eine Welle auf die Mönche zurück, die vor dem Altar liegen. „Ein absoluter Gänsehautmoment für mich", sagt Bruder Stephan. „In mir ist in diesem Moment alles genauso still wie um mich herum. Ich empfinde in diesem Augenblick eine perfekte Harmonie des Einsseins in Stille."

Für den Künstler-Bruder Stephan ist der eigene gelassene Seelenzustand eine entscheidende Voraussetzung, um künstlerisch tätig zu werden. In der eigenen Stille zu ruhen, heißt, ganz bei sich selbst zu sein, offen zu sein für jene kreativen Dimensionen des Unbewussten, die sich in solchen Augenblicken zu erkennen geben und dann ins Werk drängen. Keine Ablenkung stört die Intensität dieses schöpferischen Akts, der stille innere Raum füllt sich ganz von allein mit Farbe(n) und Formen.

Kunstwerke von Bruder Stephan, die aus solch innerer Konzentration heraus entstehen, sind keineswegs still, sondern ausgesprochen beredt. Sie wollen mit dem Betrachter in einen Dialog treten, wollen künden von dem, was der Künstler selbst in diese Arbeit hineingelegt hat. Aber die Sorgfalt und die Präzision, mit der sich Gedanken und Gefühle hier ihren Weg bahnen und Gestalt annehmen, zeugen von jener inneren Stille, die das Beste ist, was dem Künstler widerfahren kann.

„Schmerzensmann“, Öl auf Holz, Karfreitag 2022

Weihnachtsbild „… über denen, die im Land der Finsternis wohnen, strahlt ein Licht auf“,
Öl auf Holz, 2024

Vanadiumgelb

Im Einklang mit den Räumen der Natur

„Und siehe, es geschah ein gewaltiges Erdbeben; denn ein Engel des Herrn kam vom Himmel herab, trat an das Grab, wälzte den Stein weg und setzte sich darauf. Sein Aussehen war wie ein Blitz und sein Gewand weiß wie Schnee. Aus Furcht vor ihm erbebten die Wächter und waren wie tot. Mt 28,2–28,4

◆ *Ein Suchender sein – ohne Angst. Wie schwer das fällt. Wie oft hoffe ich und wünsche mir, dass jemand kommt, mich an die Hand nimmt und mir den Weg weist: Alles wird gut! Es ist schwer, die Freiheit auszuhalten, die eigenen Lebensentscheidungen zu treffen und zu verantworten. Entscheiden, was gut und was richtig ist – wie lernt man das? Wer bin ich, darüber zu befinden?* *Bruder Stephan*

Von Maria Laach bis Urbar sind es knapp siebzig Kilometer. Wann immer sein dicht gefüllter Kalender es zulässt, setzt Bruder Stephan sich ins Auto und macht einen Abstecher in die „alte" Heimat, dorthin, wo seine Mutter und eine seiner Schwestern bis heute leben und wo er die prägenden Erfahrungen seiner Kinder- und Jugendjahre gemacht hat. Weniger als tausend Einwohnerinnen und Einwohner hat die kleine Ortsgemeinde, dafür umso mehr Landschaft, Wiesen und Wälder und Weinberge und aus einer Höhe von knapp 250 Metern ein geradezu sensationelles Panorama. Der Urbarer „Loreleyblick Maria Ruh", eingebettet in das malerische Mittelrheintal, bietet eine Bilderbuchszenerie – den Loreleyfelsen am gegenüberliegenden Ufer, die engste Stelle des Rheins tief unten und weiter flussabwärts die beiden geschichtsträchtigen Burgen Katz und Maus. Hier an einem Abend zu sitzen und am anderen Rheinufer die Loreley im Schein der untergehenden Sonne zu betrachten, das besänftigt Bruder Stephans häufig aufgewühlte Seele und lässt seine Gedanken zur Ruhe kommen. Dieser Blick, der so weit und so offen ist und den Himmel ein bisschen näher erscheinen lässt, bringt vor seinem inneren Auge ein strahlendes Gelb zum Klingen, das sich vermischt mit dem Gesang der Vögel und dem Duft von Sommerwiese. Aus den Erzählungen seiner Familie weiß er um die symbolische Bedeutung dieses Ortes und seines Namens: Denn „Maria Ruh", so erzählt man in Urbar, leite sich wohl von der „ruhigen" Seite des Rheines ab. Der Einfluss der Gottesmutter als Schutzpatronin der Schiffer sei hier, an der engen und gefährlichen Stelle des Rheins unten im Tal, besonders wichtig – zumal auf dem gegenüberliegenden Felsen die verführerische Loreley lauert. Bruder Stephan gefällt die Vorstellung, dass der Urbarer Aussichtspunkt Ausdruck einer spannenden Polarität zwischen zwei Frauenfiguren oder zwei widerstreitenden Kraftpolen sein könnte – dem bedrohlich Gefahrvollen (Loreley) auf der einen, dem besänftigend Ruhigen (Maria) auf der anderen Seite.

Eine vergleichbare Polarität empfindet auch er, wenn er an seine Kinderjahre im Ort zurückdenkt. Die Weite des Panoramas und die Enge der dörflichen Gemeinschaft, die Nestwärme in der Familie, aber ebenso ein Gefühl des Andersseins unter den Menschen haben sich unauslöschlich in seine Seele eingeschrieben. Gar nicht so leicht herauszufinden, woher diese Fremdheit rührte, denn die Oppermanns waren seit Generationen in Urbar ansässig und die Mutter, am Niederrhein geboren und aufgewachsen, hatte sich schnell und gut in die Dorfgemeinschaft und die zahlreichen Vereine und Gruppen integriert. Auf der Straße kannte jeder jeden, für die Kinder war, wie in jener Zeit noch üblich, jeder Erwachsene im Zweifel ein (Nenn-)Onkel oder eine (Nenn-)Tante – und jeder wusste Bescheid (oder glaubte zu wissen), was hinter verschlossenen Türen in der Nachbarschaft so vor sich ging. Im Gegensatz zu einer Großstadt, so erlebte Bruder Stephan es in seiner Kinder- und Jugendzeit, kann ein kleines Dorf ein warmes Nest sein, wo jeder sich um jeden kümmert, wo man Hilfe leistet, wenn erforderlich, und wo die Feste gemeinsam gefeiert werden, wie sie fallen. Nie wird er vergessen, wie er Abschied vom Dorf nahm, um ins Kloster zu gehen: Da begleitete ihn das Geläut der heimischen Glocken und sämtliche Nachbarn standen an ihren Haustüren und winkten zum Abschied ... ein zutiefst bewegender Moment!

Umgekehrt haben es Freigeister, die nicht so wirklich ins dörfliche Raster passen wollen, in einer so engen Umgebung schwer. Was sich nicht stimmig in das Bild der „heilen" Dorfharmonie fügen lässt, wird da schnell einmal vertuscht oder verdrängt. Ein Beispiel aus der eigenen Familie lässt Bruder Stephan auch heute noch erschauern: Sein Vater hatte einen Onkel, Heinrich, geboren in den 1920er-Jahren und aufgrund seiner Homosexualität nicht ins „klassische" Männerbild der Zeit passend. Um dem Schein Genüge zu tun, hatte er sich mit einer jungen Frau verlobt. Das aber bewahrte ihn nicht davor, in der Zeit der Naziherrschaft ins Visier der Schergen des Dritten Reiches zu geraten. Weil sein Leben gemäß deren Ideologie als „unwert" galt, wurde er – noch kurz vor Kriegsende – erschossen. Die Umstände dieses Todes jedoch wurden – im wahrsten Sinn des Wortes – „totgeschwiegen". Und erst zwei Jahre nach Kriegsende, 1947, wurde Heinrich Oppermann offiziell für tot erklärt. Stephans Vater trug viele Jahre später Sorge dafür, dass sein Onkel mit einer eigenen Platte auf einer Tafel am Ortsrand vor Urbar namentlich als eines der Opfer des Krieges erwähnt wurde. Stephan erfuhr von alledem erst als junger Mann, als er eines Tages zu einem der vielen Nenn-Onkel kam und dieser ihn, schon ein bisschen verwirrt, mit „Hallo, Heinz!" ansprach, weil er ihn offensichtlich verwechselt hatte ...

Die Geschichte ist lange her; die Zeiten sind andere geworden. Und doch: Für einen Menschen, der wie Bruder Stephan so sensibel auf alles reagiert, was er in seiner Umgebung aufnimmt, bleibt ein fader, ein bitterer Nachgeschmack ... Licht und Schatten, das Helle und die dunklen Seiten – sich an diesen Polaritäten des Lebens zu reiben gehört für ihn, je älter er wird desto mehr, zu den mühsamen, schweren Lektionen des Lebens, die er rational gut verarbeiten kann, die aber emotional immer wieder eine gewaltige Herausforderung bedeuten.

Der Natur auf der Spur

Cyan

„... und Gottes Geist ruhte über dem Wasser. Gen 1,2

◆ *Der Blick auf den Rhein an einem strahlenden Tag, meinen Heimatort im Rücken, die Weite des Tales, in einer Mischung aus Blau und Grün vor mir: Erfüllt sein von einem Gefühl tiefer Freiheit. Bedingungslos frei im Hier und Jetzt.* *Bruder Stephan*

Viel einfacher als mit den Menschen mochte der kleine Stephan sich mit der Natur in seiner Heimat anfreunden: Er genoss es, durch die Wiesen und Felder zu streifen und in der weitläufigen

Natur rund um das kleine Urbar einen gewaltigen Spielplatz zu entdecken, der zu jeder Jahreszeit immer neue Abenteuer bot. Der Bachlauf, in dem sich so hervorragend Staudämme bauen ließen, und ein großer, am Hang gelegener Garten bei den Großeltern boten reichlich Möglichkeiten zur spielerischen Entfaltung. Der grenzenlose Blick über das Rheintal, so erhaben und mächtig für den noch kleinen Jungen, raubte ihm schon damals den Atem und machte seine Seele weit. Dieses Gefühl, diese noch so unbestimmte Sehnsucht zu beschreiben und in Worte zu kleiden, wäre ihm schwergefallen – und wem auch hätte er davon erzählen können? Denn so beglückend er das Umherstreifen in der Natur erlebte, so schwer fiel es ihm, Kontakt zu anderen Kindern aus dem Dorf zu finden, Freundschaften aufzubauen, sich an gemeinsamen Spielen zu beteiligen. Irgendetwas war anders, irgendwie passte er nicht wirklich dazu. Es war ein Grundgefühl, eine Stimmung in Moll, die sich in Bruder Stephans Erinnerung durch die gesamten Kinderjahre zog. Woher dieses Gefühl rührte und weshalb es schon damals schwer auf seiner jungen Seele ruhte, hätte er zu jener Zeit niemals selbst beschreiben können. Zumindest einen Teil der Antwort jedoch fand die Kindergärtnerin heraus, die den kleinen Jungen in ihrer Gruppe betreute. Sie nahm eines Tages Mutter Oppermann, mit der sie gut befreundet war, beiseite und erklärte ihr: „Mit eurem Jung stimmt ebbes net! Die andern Kinner wolle net mit dem spille! De sieht kän Farwe!"

Farbenblind! Das erklärte, weshalb es mit dem Sortieren der Bauklötze nicht klappte und weshalb die gemalten Bilder des Jungen zwar immer höchst fantasievoll, aber eben auch so eigenwillig anders in ihrer Farbgebung waren. Ganz unerwartet war dieser Befund nicht, denn Farbblindheit war als genetischer Defekt in der Familie mütterlicherseits schon häufiger aufgetreten. Fortan war hier eine Erklärung zumindest für die eine oder andere Verhaltensweise des Jungen zu finden. Nun kann man mit Farbblindheit durchaus leben und alt werden – muss man auch, denn ein Kraut dagegen ist (noch) nicht gewachsen. Dennoch halten Farben sehende Menschen die Vorstellung, eine Welt ganz ohne Farben sehen zu müssen, für eine Beeinträchtigung und eine Einschränkung von Lebensoptionen: „Maler wird der wohl nicht werden", mag so mancher gedacht haben, der um den Gendefekt wusste – und sollte sich damit gründlich irren!

Aber auch der ursprüngliche Berufswunsch des Jungen, den dieser schon im Kindergarten mit fester Stimme und großer Entschlossenheit erklärte, mochte erstaunen. Denn für den kleinen Stephan stand fest: Ich werde Gärtner. Was reizt ein Kind an einem Beruf, der landläufig doch wesentlich von der Freude an grünenden und blühenden Pflanzen und deren Farbenpracht lebt? Die Frage, sagt Bruder Stephan heute, sei eigentlich falsch gestellt. Denn für jemanden, der niemals die feinen Farbnuancen zwischen zartem Rosa und kräftigem Pink, schimmerndem Himmelblau und sommerlichem Lavendelblau unterscheiden konnte, sei nicht das Farbspiel das entscheidende Kriterium für das gärtnerische Tun. Vielmehr habe ihn zum einen die Erdverbundenheit fasziniert – der Duft frisch umgegrabener Erde ebenso wie das warme Gefühl von Erdkrumen in den Händen. Zugleich könne man nirgendwo sonst so unmittelbar und eindringlich Zeuge des Prozesses von Wachsen, Werden und Vergehen werden. Diese existenzielle Lebenserfahrung habe ihn schon früh gefesselt, wenn er sie auch in seinen jungen Jahren nicht hätte in Worte kleiden können.

Viel Zeit verbrachte der Junge in den riesigen großelterlichen und elterlichen Gärten, wo auf mehreren Tausend Quadratmetern nach alter Tradition Obstbäume wuchsen und Kartoffeln, Salat und Gemüse für die Ganzjahresversorgung angebaut wurden. Was für andere Kinder eine Strafe war, beim Vereinzeln zarter Pflänzchen, beim Entfernen von Ungeziefer oder der Kartoffelernte helfen zu müssen, bereitete ihm großes Vergnügen. Und losgelöst von Farbwirkung und Farbkompositionen erfreute sein Auge sich schon in diesen jungen Jahren an den Natur-Räumen, die durch Pflanzen, Büsche, Geäst und Bäume geschaffen wurden und die sich natürlich in die Landschaft einfügten oder die er bewusst arrangierte, gleichsam als Kulisse für seine Kinderspiele.

Eine große Freude sei es dann für ihn gewesen, dass er seine ersten gestalterischen Gehversuche in der Kunst der Floristik in der heimatlichen Pfarrkirche unternehmen durfte, sagt er. Zu besonderen Anlässen oder einfach so zwischendurch sammelte er auf den Wiesen und im heimischen Garten, was sich zu kunstvollen Blumenarrangements zusammenfügen ließ, und inszenierte damit rund um den Altar „blühende Landschaften" der besonderen Art, für die er in der Gemeinde viel Lob und Zuspruch erhielt. Wenn große kirchliche Feste anstanden, unterstützten die vielen Nenn-Tanten und Nenn-Omas den jungen Stephan nach Kräften in seinem ambitionierten Tun, sorgten dafür, dass in ihren Gärten passend zum Termin ein üppiger Blumenbestand vorhanden war, und versorgten ihn mit Wannen voller Dahlien und Gladiolen – ein Geschenk, für das Bruder Stephan auch in der Erinnerung noch zutiefst dankbar ist.

Während andere Jungen in seinem Alter sich auf dem Bolzplatz austoben, ist die Arbeit mit Gräsern, Gehölzen und Blüten seine „Spielwiese". Sein Sinn für Schönheit, für eine Ästhetik, die er später immer wieder als „Insel der Glückseligen" inmitten des oft tristen Alltags definieren wird: Er zeigt sich schon hier, in diesen jugendlichen Anfängen, und entschädigt für so manches Ungenügen, das er im Umgang mit anderen Menschen erlebt.

Ermutigung erfährt er in dieser Zeit auch bei einem Schulpraktikum, das er bei Gärtnerbruder Hilarius in Maria Laach absolviert. Der erkennt den grünen Daumen des Jungen und gibt ihm die Möglichkeit zur (Mit-)Gestaltung von landschaftlichen Außenräumen wie dem Arboretum und kirchlichen Innenräumen wie der Abteikirche: Hier sind zu den hohen Festtagen opulente Großdekorationen angesagt – und Stephan kann schwelgen in der kreativen Gestaltung des Blumenschmucks. Bruder Hilarius bestärkt ihn eindringlich darin, nach dem Schulabschluss eine Gärtnerlehre aufzunehmen. Und es steht außer Frage, dass Stephan diese in Maria Laach absolvieren wird, an jenem Ort, der ihm nicht zuletzt deshalb so vertraut ist, weil sein Vater dort die Vorbereitung auf seine Meisterprüfung (als Kirchen- und Kunstmaler) absolviert hat.

Mit Höhen und Tiefen sei die Lehrzeit verbunden gewesen, erinnert Bruder Stephan sich. Insbesondere für die botanischen Pflanzennamen hat sein Kopf so überhaupt keine Antenne. Dennoch beendet er diese erste Ausbildung mit einem Einserabschluss, eine beglückende Erfahrung – und ein Ansporn weiterzumachen. Es gibt ja noch so viel zu lernen über das, was ästhetisch mit Blumen machbar und möglich ist. Also folgt auf die Gärtnerlehre eine weitere Ausbildung zum Floristen, erst in einem Blumengeschäft in Koblenz, später dann bis zum Abschluss in Oberwesel. Und weil sich alles immer irgendwie fügt, lernt er während seiner Ausbildung im Rahmen eines Lehrgangs mehrere Schweizer Floristen kennen, die ihm nicht nur mit ihrer Herzlichkeit menschlich guttun, sondern ihn auch mit ihrem weiten, anspruchsvollen Blick für ästhetische Dimensionen des

Handwerks tief beeindrucken. Die zusammen verbrachten Tage und das gemeinsame Ringen um Blumen-Kunst im wahrsten Sinn des Wortes prägen den angehenden Floristen tief. So wenig er aufgrund seiner Farbenblindheit den Farb-Themen der anderen folgen kann, so intensiv arbeitet er mit den Dimensionen von Formen, Bewegung und Raum-Gestaltung. „Dass die Arbeit des Floristen nicht darin besteht, irgendwo Blumen hinzustellen, sondern Räume mit Blumen zu gestalten und zu erschließen, das habe ich damals tief verinnerlicht", so erinnert er sich. Und noch eine weitere Lektion fällt in diese Zeit: Jedes Arrangement ist dann am schönsten, wenn es die gestaltende Hand des Menschen erkennen lässt, zugleich aber auch den natürlichen „Bedingungen" der Pflanzen Raum gibt: „Wider die Natur" – das bekommt Pflanzen wie Menschen nicht gut. Nah an der Natur zu bleiben, die natürliche Harmonie niemals mutwillig zu zerstören, sondern sie zu erfassen und kunstvoll zu unterstützen, darin besteht zumindest für Stephans Verständnis die eigentliche Kunst.

Als er nach dem Abschluss auch dieser Ausbildung von den Schweizer Freunden das Angebot erhält, zu ihnen in ihr Geschäft nach Zürich zu kommen, ist das wie ein Wink des Schicksals für ihn: Die Zeit ist reif, um aus der Heimat der Kinder- und Jugendjahre mit all ihren beglückenden, aber auch einengenden Erfahrungen wegzugehen – einen ersten Schritt zu unternehmen hinaus in die Welt und in ein neues Leben. Sich selbst erproben, als Mensch, in seinem Beruf, in einer unvertrauten Umgebung fern von der Familie, all das macht in der Rückschau das Besondere der zwei Schweizer Jahre aus. Es war ein gewaltiges und einmal mehr polarisierendes Erfahrungspaket, das er sich da aufbürden sollte: Zum einen die wohltuende Freundlichkeit im Betrieb und bei Vorgesetzten und Kollegen, die Leidenschaft der gemeinsamen Arbeit an großen Projekten, das Zutrauen, das ihm entgegengebracht und mit entsprechender Verantwortung ausgestattet wurde. Insbesondere das Geschäftsinhaber-Ehepaar habe alles darangesetzt, ihm den Aufenthalt so angenehm wie möglich zu gestalten. Bei ihnen habe er etwas gelernt, was ihn für den Rest seines Lebens begleiten würde, sagt er: ein sicheres Gespür für die Wertigkeit von Dingen, für Qualität – im Kleinen wie im Großen –, ein Qualitätsbewusstsein, das als souveränes und internalisiertes Lebensprinzip dem Tagtäglichen des Alltags Weite und eine gewisse Größe verleiht. Zu dieser „Weite" gehörte auch die Selbstverständlichkeit im Umgang mit anderen Menschen. Egal, ob Kunde, Nachbar oder Freund: Jeden in seinem Sosein anzunehmen, das lebten die beiden ihrem „Zögling" eindringlich vor und schrieben sich damit auf immer in sein Herz. Alles, was er mit ihnen gemeinsam erlebte, beflügelte ihn und eröffnete bis dahin nicht gekannte neue Horizonte. Dazu gehörte etwa auch das Engagement mit seiner Chefin in einer Schweizer Trachtengruppe: eine kleine, frohe Insel der Gemeinschaftlichkeit und des entspannten Miteinanders. Seine Affinität für textiles Gestalten brachte ihn zum Klöppeln, sicher eher ungewöhnlich für einen jungen Mann, aber für Stephan ein faszinierendes Erlebnis. Das Arbeiten mit den feinen Fäden und Dutzenden Spulen, die gedreht und gekreuzt werden müssen, sodass ein kunstvolles Flechtwerk entsteht, verlangt höchste Konzentration, und bis zu fehlerfreien Objekten ist es ein weiter Weg. Stephan begeistert diese filigrane Handwerkskunst, die Jahrhunderte alt ist und für ihn eine geradezu meditative Qualität hat.

Vandyckbraun

" Da ließ Gott, der HERR, einen Rizinusstrauch über Jona emporwachsen, der seinem Kopf Schatten geben und seinen Ärger vertreiben sollte. Jona freute sich sehr über den Rizinusstrauch. Als aber am nächsten Tag die Morgenröte heraufzog, schickte Gott einen Wurm, der den Rizinusstrauch annagte, sodass er verdorrte. Und als die Sonne aufging, schickte Gott einen heißen Ostwind. Die Sonne stach Jona auf den Kopf, sodass er fast ohnmächtig wurde. Da wünschte er sich den Tod und sagte: Es ist besser für mich zu sterben als zu leben. Gott aber fragte Jona: Ist es recht von dir, wegen des Rizinusstrauches zornig zu sein? Er antwortete: Ja, es ist recht, dass ich zornig bin und mir den Tod wünsche. Darauf sagte der HERR: Dir ist es leid um den Rizinusstrauch, für den du nicht gearbeitet und den du nicht großgezogen hast. Über Nacht war er da, über Nacht ist er eingegangen. Jona 4,6–4,10

◆ *Wut und Trauer für etwas Anvertrautes, das ich nicht verdient, sondern schlicht erhalten habe, artikulieren sich in dieser Bibelpassage. Für mich verbindet sich dieser Text mit dem dunklen, erdigen Farbton des Vandyckbraun. In diesem Braun liegt eine Dunkelheit, die für Verlassensein und abgrundtiefe Traurigkeit steht. Diese Empfindung ergreift Besitz von mir, Melancholie, die sich wie ein Bann auf mich legt und verlangt, gesehen und gefühlt zu werden.*

Bruder Stephan

Allerdings kann das alles nicht darüber hinwegtäuschen, dass er, der Deutsche, in der Schweiz immer wieder erleben muss, was es heißt, ein „Fremder“, ja – ein „Ausländer“ zu sein. Nicht Wohlwollen, sondern Distanziertheit, nicht Solidarität, sondern Ablehnung begegnen ihm im Alltag auf subtile und weniger subtile Art und Weise immer wieder. Die Hoffnung, die er mit dem Schritt weg aus der Heimat verbunden hatte, die Hoffnung auf Menschen, die ihn vielleicht aus seinem Gefühl des Fremdseins befreien und ihn wirklich verstehen könnten, erfüllt sich nicht. Und er selbst schafft diesen Schritt auch nicht, kann sich nicht freimachen von jener inneren Blockade, die ihn daran hindert, unbeschwert auf andere zuzugehen. Die Sehnsucht nach einem Menschen, der ihn in seiner Verletzlichkeit und Verletztheit sieht und annimmt, wird drängender und stärker mit jedem Tag und jeder Woche in dieser Fremde, die ihm nicht zur Heimat werden wollte. Und am Ende, im Rückblick, bekommt die Summe all dessen, was die Schweizer Jahre in ihm zurückgelassen haben, einen Namen: Einsamkeit. Eine Gefühlsdimension, die so tief und so erschütternd ist, dass er daran womöglich zerbrochen wäre, wenn sich nicht irgendwann auf dem Grund der Verzweiflung ein anderer Gedanke in ihm ausgebreitet hätte: dass das Leben – oder der liebe Gott – vielleicht ganz andere Pläne mit ihm haben könnte, dass nicht in der Welt und an der Seite eines Menschen, sondern in der Gemeinschaft eines Klosters sein Platz sein könnte …

„75 Jahre Grundgesetz“, Öl auf Holz,
Texte des Grundgesetzes, Mai 2024

Wort
Schrift
und
Bild

„Mehr-(Meer)-Himmel", Öl auf Holz, 2021

Lebens-Raum Kloster

"Dort ging er in eine Höhle, um darin zu übernachten. Doch das Wort des HERRN erging an ihn: Was willst du hier, Elija? Er sagte: Mit leidenschaftlichem Eifer bin ich für den HERRN, den Gott der Heerscharen, eingetreten, weil die Israeliten deinen Bund verlassen, deine Altäre zerstört und deine Propheten mit dem Schwert getötet haben. Ich allein bin übrig geblieben und nun trachten sie auch mir nach dem Leben. Der HERR antwortete: Komm heraus und stell dich auf den Berg vor den HERRN! Da zog der HERR vorüber: Ein starker, heftiger Sturm, der die Berge zerriss und die Felsen zerbrach, ging dem HERRN voraus. Doch der HERR war nicht im Sturm. Nach dem Sturm kam ein Erdbeben. Doch der HERR war nicht im Erdbeben. Nach dem Beben kam ein Feuer. Doch der HERR war nicht im Feuer. Nach dem Feuer kam ein sanftes, leises Säuseln.
Als Elija es hörte, hüllte er sein Gesicht in den Mantel, trat hinaus und stellte sich an den Eingang der Höhle. 1 Kön 19,9–19,13

◆ *Ich weiß, was eine Höhle mit mir machen kann – im Guten wie im Schlechten. Die Höhle, das ist der Ort, zu dem ich mich flüchten, an dem ich Zuflucht finden kann. Aber oft ist es auch ein Raum, in dem ich mich unwohl fühle, in dem ich mich und meine Potenziale infrage gestellt fühle. Dann wird die Höhle zu dem Ort, an dem ich darüber nachdenken muss, was ich vom Leben erwarte, was ich zum Leben brauche.*

Bruder Stephan

Vier Uhr früh. Das Laachtal liegt in tiefer Dunkelheit. Auch auf dem Klostergelände ist noch alles still. Erst in anderthalb Stunden, um halb sechs, werden die Mönche zum ersten gemeinsamen Gebet in der Kirche zusammenkommen. In der alten Schreinerei allerdings, dort, wo Bruder Stephan sein Atelier hat, brennt schon Licht. Die kreative innere Unruhe hat ihn nicht mehr schlafen lassen. Ein Bild, am Tag zuvor schon begonnen, wartet darauf, vollendet zu werden. Dafür ist diese stille, dunkle Stunde wie geschaffen. Nicht einmal die Kälte – draußen wie im Atelier – kann Bruder Stephan etwas anhaben, wenn er sich so im Schaffensmodus befindet. Im Gegenteil. Januar und Februar, diese „farb-losen" Monate, wenn die Natur noch im Winterschlaf ist und die Kälte zuweilen so klirrend, dass das Weihwasser im Kreuzgang gefriert, sind seine intensivste Zeit. Denn das kalte, klare Licht und die kahle Natur schaffen für ihn Räume besonderer Art, eine pure Ästhetik frei von jedem Weichzeichner durch Blätter und Blüten und Farben. Umso kraftvoller bahnen sich seine eigenen inneren Farben einen Weg und drängen an die Oberfläche, um sich im Bild in Szene zu setzen.

Zur Morgenhore, dem ersten Gebet, mit dem die Mönche von Maria Laach den Tag beginnen, gehört Psalm 95. Er lag dem Ordensgründer Benedikt – und liegt auch Bruder Stephan – besonders am Herzen: „Heute, wenn ihr seine Stimme hört, verhärtet eure Herzen nicht." Seine Stimme zu hören, sich angerufen und angesprochen zu fühlen: Es ist für Bruder Stephan immer wieder neu ein willkommenes Angebot, mit Gott ins Gespräch zu kommen, das eigene Leben in den Dienst des Glaubens zu stellen und von diesem Glauben getragen zu werden – durch alle Untiefen des Lebens hindurch. Dieses Gespräch mit Gott führt Bruder Stephan ganz oft in seinem Atelier. Seine Kunst entsteht häufig aus diesem Dialog heraus, aus einer Zwiesprache, die von Dankbarkeit und Freude getragen ist, aber auch dunkle Momente umfasst, wenn die Suche nach Antworten und Lösungen unerhört zu verhallen scheint. Immer wieder sucht Bruder Stephan in solchen Momenten dann auch Gottes Nähe in der Abteikirche von Maria Laach. Dort, in dem wuchtigen, geschichtsträchtigen Gemäuer, erhält die betende Annäherung an Gott eine besondere Dimension. Dankbar und demütig nimmt Bruder Stephan jedes Mal im Chorgestühl Platz, wohl wissend, dass dort schon so viele Generationen von Mönchen vor ihm betend und singend gesessen haben. Hier in dieser Kirche hat er die schönsten und die schwersten Stunden seiner inzwischen mehr als anderthalb Jahrzehnte währenden Ordenszeit erlebt. Unvergessen ist eine Erfahrung, die er gemacht hat, als er einmal mutterseelenallein in der Kirche saß, den Blick auf die Wand gegenüber gerichtet, tief ins Grübeln und Nachdenken versunken. Da meinte er zu spüren, dass sich von hinten eine väterliche Hand auf seine Schulter legte, besänftigend, beruhigend, ein Zeichen des „Mach Dir keine Sorgen! Ich bin bei Dir!". Wenn er sich diesen Moment ins Gedächtnis zurückruft, sieht er Rot, Blutrot, Glutrot, Feuerrot – ein Rot, das seine Seele wärmt und ihn brennen lässt, für seinen Glauben und mit seiner Kunst. „Für mich war dieser Moment wie ein Erweckungserlebnis, etwas, das einem vielleicht nur ein einziges Mal im Leben widerfährt", sagt er. Und es ist spürbar, dass er diesen Moment in seiner Seele hütet wie einen Schatz, von dem er immer dann zehren kann, wenn das Feuer in ihm einmal zu erlöschen droht ...

Die Gemeinschaft der Laacher Mönche hat im März 2025 einen neuen Mitbruder bekommen. Dessen feierliche Einkleidung hat bei Bruder Stephan Erinnerungen geweckt an die eigenen ersten Schritte im Kloster – und auch an die Zeit davor. „Manche Menschen glauben ja, die Entscheidung fürs Kloster komme wie eine Art Urknall über einen", schmunzelt er. „Bei mir war das definitiv nicht so." Während der Jahre in der Schweiz, in denen er beruflich weit gekommen war, sich menschlich allerdings einsam und unverstanden fühlte, bildete sich ein Gedanke heraus, dem er zögernd und zunächst fast widerstrebend nachgab: Wenn mir schon privates Glück verwehrt bleibt, könnte dann ein Leben in einer Klostergemeinschaft eine Alternative sein? Mehrfach kehrt er als Gast bei den Benediktinern in Einsiedeln ein, um sich „zur Probe" auf das klösterliche Leben einzulassen. Ist sein Glaube stark genug für einen solchen Schritt? Und kann er sich auf die straffe Organisation und die festen Rituale eines Alltags im Kloster einlassen?

Keine Frage, im ländlich-katholischen Umfeld seiner Heimat ist eine gute Glaubensgrundlage geschaffen worden. Insbesondere den Vater erlebte Stephan als tiefgläubigen Menschen, der gern auch einmal längere Zeit betend und meditierend in der Dorfkirche zubrachte. Regelmäßig unternahm die Familie Wallfahrten nach Bornhofen, mit der Großmutter aus Krefeld pilgerte der Enkel nach Kevelaer. Und Stephan selbst wurde nach seiner Erstkommunion ein zuverlässiger und engagierter Messdiener. Zum nahe gelegenen Kloster in Maria Laach gab es enge familiäre und später auch eigene berufliche Kontakte. Da war der Gedanke, dort eine klösterliche Heimat finden zu können, nicht so abwegig. Und der benediktinische Grundsatz des „ora et labora", vielleicht in der Kombination als Bruder und Gärtner, hatte durchaus seinen Reiz.

Dennoch ist der Prozess des Wägens und Abwägens schwer und braucht Zeit. Mit Anfang zwanzig eine Entscheidung zu treffen, die die Weichen für den Rest des Lebens stellt, ist kein Kinderspiel und nicht aus einer Laune heraus zu erledigen. Da ist kein Schlüsselerlebnis, keine unüberhörbare innere oder äußere Stimme, die ihm den Weg weist. Er muss, das wird ihm eindringlich klar, diese Entscheidung ganz allein mit sich selbst ausmachen, Gewissenserforschung betreiben, auf eine persönliche Waagschale legen, was dafür und was dagegen sprechen könnte. Längst weiß er von sich selbst, dass er ein Suchender ist, ein Mensch, der sich nie mit Erreichtem zufriedengibt, sondern immer auf neue Herausforderungen wartet und sie begierig ergreift. Dass das mit dem Eintritt ins Kloster fundamental anders werden könnte, mag er selbst nicht glauben. Aber vielleicht muss es das ja auch nicht. Vielleicht, so der sich langsam verfestigende Gedanke, darf er und kann er auch im Kloster ein Suchender bleiben, kann auch dort seine eigenen (Glaubens-)Wege erproben, nur eben eingebettet in eine Gemeinschaft und einen Lebensrhythmus, die seinem Leben dabei Halt und Stabilität verleihen. Einen Versuch sollte das allemal wert sein. Sich in dieser Lebensform zu „ver-suchen", impliziert ja schon im Wort die Suche! Dieser Gedanke ist ihm ausgesprochen sympathisch!

Am 27. Juni 2007 ist es dann so weit: Nach der Verabschiedung im heimischen Urbar erfolgt in Maria Laach der offizielle Eintritt ins Kloster. Die Einkleidung, am Dreikönigstag des Jahres 2008, ist mit einem weiteren besonderen Akt verbunden: die Verleihung des neuen, künftigen Ordensnamens. Stephan selbst hatte für sich diverse Ideen – Matatias zum Beispiel hätte ihm gefallen, auch Tarzisius, Nils oder Theodor. Aber sein damaliger Oberer, Abt Benedikt, war anderer Meinung. Liebevoll und aus genauer Beobachtung des Novizen erklärte er, dass der Taufname perfekt auch als Ordensname passe. Denn Stephanus, der erste Blutzeuge, der in der Abfolge der Feiertage dem frohen Geschehen der Geburt Christi am zweiten Weihnachtstag die Dramatik einer elementaren Glaubensprüfung entgegensetzt – dieser Stephan als Namenspatron sei geradezu ideal für einen Menschen, der es sich nicht leicht mache mit seinem Glauben, der als Suchender Höhen wie Tiefen des Glaubens kenne und schmerzlich durchleide. Und Stephan nimmt diese Entscheidung gern an, denn sie hat ja auch eine weitere, besondere Dimension. Ihm bleibt der Taufname, der ihn sein ganzes bisheriges Leben begleitet hat. Und dieser Name steht für das „Päckchen", das er mit ins Kloster bringt und das ihn als Mensch und Persönlichkeit geprägt hat. Zwar beginnt mit dem Eintritt ins Kloster ein neuer Lebensabschnitt, aber jenseits der Klostermauern steht deshalb ja nicht plötzlich ein neuer, ein anderer Mensch. Ich habe dich bei deinem Namen gerufen, heißt es in der Bibel: Und dieser Rufname steht für die Kontinuität eines ganzen Lebens.

Den Tag der Einkleidung wird Bruder Stephan sein Leben lang nicht vergessen. 63 Mönche sind es damals noch, die ihn in ihrer Ordensgemeinschaft willkommen heißen. Die Feierlichkeit dieses Augenblicks und die Erhabenheit der Gefühle berühren ihn auch in der Rückschau noch zutiefst. Und sie sind in der Zeit des Noviziats wie ein Geländer, an dem er sich festhalten kann, wenn ihm das „innere Kloster", wie er es nennt, zu eng wird, wenn er zweifelt – und manchmal auch verzweifelt.

Dabei wird er herzlich aufgenommen in der Gemeinschaft der Mönche. Als „liebenswert" empfindet er deren Bemühen um ihn und die vielen Begegnungen und Gespräche. Sie sind da, aber sie lassen ihn auch gewähren, er soll und muss sich ganz allein „einschwingen" in diese neue Lebensweise. So sieht es die Regel des heiligen Benedikt vor: *„Noviter veniens quis ad conversationem, non ei facilis tribuatur ingressus.* – Kommt einer neu und will das klösterliche Leben beginnen, werde ihm der Eintritt nicht leicht gewährt." Ein halbes Jahr lang soll es zudem keinen

Kontakt zu Familie und Freunden geben, um auch so Abstand zum bisherigen Leben zu finden. Das World Wide Web, heute auch in Maria Laach selbstverständlich zugänglich, ist nur von einem einzigen Punkt aus zugänglich, und der befindet sich in der Bibliothek. Damit sind auch die Möglichkeiten, auf diesem Weg die Welt ins Kloster zu holen und Kontakt „nach draußen" zu pflegen, massiv eingeschränkt.

Das Klosterleben folgt einem ganz eigenen Rhythmus, den sich auch jeder Novize zu eigen machen muss: Da sind die Gebetszeiten und die regelmäßigen Gottesdienste mit ihren je nach Anlass schlichteren oder aufwändigen Ritualen; da sind die regelmäßigen gemeinsamen Mahlzeiten, schweigend und mit Lesungen aus der Heiligen Schrift, sind die Chorproben und die Übernahme von Diensten. Da ist nicht zuletzt der Noviziatsunterricht mit allem, was es zu lernen gibt: Für Bruder Stephan tun sich hier ganz neue Räume auf, Räume der Freude, der Kraft, der Ruhe, wie er sie so in seinem früheren Leben nicht gekannt hat. Er taucht ein in eine Stille, die nicht nur die Abwesenheit von Stimmen, von Gespräch und Kommunikation meint, sondern auch eine Form der Muße – einen Zustand, der ihn frei macht von dem Gefühl, etwas tun zu müssen, sich von einer Aktivität in die nächste stürzen zu müssen. Stunde um Stunde verbringt er lesend, widmet sich der Heiligen Schrift, den Psalmen, den Regeln des heiligen Benedikt. Von den Spuren, die diese Zeit und dieses Studium in seiner Seele hinterlassen, wird er weit über das Noviziat hinaus zehren, wird daraus in späteren Jahren immer wieder die Inspiration schöpfen für seine künstlerischen Arbeiten.

Das klingt fast ein bisschen nach wunderbar heiler Klosterwelt. Aber solch romantisierenden Vorstellungen begegnet Bruder Stephan mit einem vehementen: „Aber das ist nur die eine Seite." Um dann zu erzählen von den Stunden, Tagen, Nächten, in denen er fast körperlich spürbar abstürzte in einen großen Raum der Leere, tiefschwarz und undurchdringlich, wo ihn nicht ein einziger Lichtstrahl erreichen konnte. Jeder Schritt eine Qual, der Gang zur Kirche und zurück in die Zelle ein immenser Kraftakt. Sich von aller Welt und, schlimmer, von Gott verlassen zu fühlen, wie hält man das aus? Hält man das überhaupt aus? Einsam hat er sich in seinem früheren Leben immer mal wieder gefühlt. Aber diese innere Einsamkeit ist tiefer, gravierender, existenzieller als alles zuvor Erlebte. Wenn die Verzweiflung am tiefsten ist, mobilisiert ein einziger Gedanke: Es gibt ein Danach. Und es gibt in der Tat diesen Moment, wenn der Raum der grenzenlosen Leere sich wieder mit Leben füllt, zu einem Raum des Lebens wird, der reicher und tiefer ist als zuvor, weil in ihn eine neue Wertschätzung für das Leben einfließt. Ja, sagt Bruder Stephan, das kann man, nein, das muss man lernen, sich selbst auch in solchen Phasen auszuhalten, sich dieses Schwachsein, diese Verzweiflung zuzugestehen, gnädig zu sein mit sich selbst.

Immer wieder wird Bruder Stephan in späteren Jahren gefragt werden, ob denn die Uhren im Kloster anders gehen, wie man denn so lebt in einer Gemeinschaft von Mönchen, die über die Jahre (Stand 2025) auf gerade mal 23 Mitglieder geschrumpft ist. Gnädig mit sich selbst zu sein, bedeute auch, gnädig mit den anderen, den Nächsten, den Mitbrüdern zu sein, antwortet er dann gern mit Verweis auf das christliche Gebot: „Liebe deinen Nächsten wie dich selbst." Die Gemeinschaft der Mönche sei ja eine Gemeinschaft von Männern, die alle ihre Individualität, ihren Charakter, ihr „Päckchen" mit ins Kloster gebracht hätten. Und anders als in einer Partnerschaft oder Ehe könne man sich in einer Klostergemeinschaft nicht bewusst für das Zusammensein mit einem anderen Menschen entscheiden, sondern müsse sich in der Gruppe miteinander arrangieren, über alle Wesensverschiedenheiten und Anschauungsfragen hinweg. Die streng geregelten Abläufe des Alltags, die durchgetakteten Tage, die vielen Rituale können dabei eine Hilfe sein. Sie bilden eine Art Gerüst, schaffen einen Rahmen, den man je nach eigener Verfasstheit als große Hilfe oder auch als Belastung erlebt. Das alles in Einklang zu bringen, im Fall von Bruder Stephan auch noch mit den Anforderungen künstlerischer Schaffensprozesse, ist oft ein schwieriger Spagat. Da kann es nicht immer nur eitel Sonnenschein geben. Zumal ja die heutige Situation der Klöster, Nachwuchssorgen und schwierige finanzielle Zukunftsfragen, jede Gemeinschaft zusätzlich vor große Herausforderungen stellt. Nein, keineswegs gingen die Uhren im Kloster langsamer, sagt Bruder Stephan, eher sei das Leben dort konzentrierter, wie unter einem Brennglas: „Die Höhen sind höher, die Tiefen tiefer."

Wenn er selbst mit alledem einmal wieder hadert, ruft er sich gern einen Moment in Erinnerung, den er ebenso existenziell erlebt hat wie den Tag seiner Einkleidung. Als er 2014 seine ewige Profess ablegte, stand er, so schreibt es die offizielle Zeremonie vor, vor dem Altar in der Abteikirche und durfte dort laut den Text der Professurkunde vorlesen. Als er dann den Blick hob, schaute er auf das über dem Altar hängende Kreuz und mitten in das Gesicht des Gekreuzigten: „Das Auge des Gekreuzigten ruhte auf mir. Und in dem Moment begriff ich: Es geht nur um ihn da oben."

Bruder und Künstler

Im Kloster Maria Laach haben in den vergangenen 120 Jahren immer wieder namhafte und auch weit über die Abtei hinaus bekannte Künstlerbrüder gelebt und gewirkt, unter anderem als Architekten, Bildhauer, Maler, Fotografen oder Illustratoren. Der heilige Benedikt selbst habe die Voraussetzungen dafür geschaffen, dass sich Kunst im Kloster entfalten könne und dass sie dort ihre Heimat hat, so ist auf der Homepage der Abtei zu lesen. Nicht zufällig finden sich auf der Klosterpforte der Abtei fünf aus Messing dort eingelassene Buchstaben: „UIOGD". Sie stehen für einen Satz aus dem 1. Petrusbrief (1 Petr 4,11) und bedeuten: *Ut in omnibus glorificetur deus* – damit in allem Gott verherrlicht wird. Dieser Satz ist ein Lebensmotto der Benediktiner bis heute. Benedikt setzte dieses Schriftwort an das Ende eines Kapitels, in dem er über Handwerker im Kloster und die Ausübung der handwerklichen Gaben und Talente spricht (RB 57).

Während einige der Laacher Künstlerbrüder wie Theodor Bogler oder Lukas Ruegenberg bereits eine künstlerische Ausbildung absolviert und erste Erfahrungen gesammelt hatten, bevor sie ins Kloster eintraten, erfolgte im Fall von Bruder Stephan die künstlerische Selbstfindung erst im Lauf der frühen Klosterjahre. Eine entscheidende Rolle spielte dabei die Ausbildung zum Gestalter für Blumenkunst, die er nach dem Noviziat an der Fachschule Weihenstephan absolvierte. Es war das erste Mal, dass er nach den Jahren des Einlebens in die klösterliche Abgeschiedenheit wieder hinaus ins Leben ging und sich „draußen in der Welt" in seiner neuen Rolle als Benediktinerbruder zurechtfinden musste. Ein Domizil auf Zeit fand er bei den Pallottinern von Freising. Die entscheidenden Impulse für seine persönliche Entwicklung erhielt er im Rahmen der Ausbildung. Alles, was er bis zu diesem

Zeitpunkt über die Arbeit mit Pflanzen und Blumen gelernt hatte, erhielt jetzt eine neue Dimension. Alles, was bis dahin als zaghaftes Pflänzchen künstlerisch-kreativer Kraft in seinem Innern geschlummert hatte, erhielt jetzt den entscheidenden Schub, um sich endlich entfalten zu können. Dass das kein leichter Weg ist und die Ergebnisse einem Künstler niemals in den Schoß fallen, gehörte zu den prägenden Erfahrungen der Ausbildung. Von der Ideenfindung bis zur adäquaten Umsetzung in Form und Farbe war es immer wieder ein hartes Stück Arbeit. Das Ringen um eine klare, eindringliche gestalterische Aussage forderte ihn in einem Maße, wie er es selbst nicht für möglich gehalten hätte. Aus dem Bewusstmachen und der Bewusstwerdung der eigenen Gedanken und Empfindungen in einen gestalterischen Prozess einzutreten, das eigene innere Erleben in ein (Kunst-)Werk einfließen zu lassen, dessen Eindruck einem Betrachter eine „Botschaft" vermittelt: Diese Lektionen künstlerischen Arbeitens formten nicht nur seine gestalterische Herangehensweise, so Bruder Stephans Erkenntnis, „sie machten auch etwas Neues, nein, einen neuen Menschen aus mir".

Dieser „neue Mensch" kehrte dann nach dem Ende der Ausbildung und einer Auszeichnung als einer von vier Jahrgangsbesten 2013 nach Maria Laach zurück und empfing dort kurze Zeit später die ewige Profess. Der Weg, den er in geistlicher wie künstlerischer Hinsicht künftig gehen würde, war jetzt zumindest in den zentralen Fixpunkten klar vorgegeben. Glaube und Kunst würden die beiden Pole sein, zwischen denen er, der ewig Suchende, sich verorten würde. Ora et labora – in seinem Fall heißt das: beten und (künstlerisch) arbeiten ... Mit Kunst von Gott künden, das hat eine lange Tradition, auch in Maria Laach. Aber für Bruder Stephan geht es dabei nicht um traditionelle sakrale Kunst, sondern um eine eigene, unverwechselbare Form- und

Farbsprache. Sie hat vor seinem inneren Auge längst Gestalt angenommen. Jetzt geht es darum, sie künstlerisch umzusetzen.

Auf dem Weg dorthin bekommt er die Möglichkeit, an der Alanus Hochschule in Alfter bei Bonn ein Studium der Bildhauerei aufzunehmen, ein großes Glück für ihn, denn hier erhält er in den kommenden Jahren eine fundierte Grundausbildung, die dazu befähigen soll, sich künftig mit einer eigenständigen Bild- und Formsprache im Bereich der zeitgenössischen Bildenden Kunst zu positionieren. Neben die Vermittlung umfangreicher technischer, handwerklicher und theoretischer Fähigkeiten tritt dabei das experimentelle Erproben unterschiedlicher Techniken und Werkstoffe – ein so weites Feld, dass Bruder Stephan immer wieder berauscht ist von den schier unendlichen Möglichkeiten: Begeisterungsfähig, wie er ist, kann er gar nicht so schnell arbeiten, wie die Ideen in seinem Kopf nach Frei- und Umsetzung rufen. „Ein großartiger Zustand", sagt er. „Leben in der und aus der Fülle."

Was auch immer das Leben in den folgenden Jahren für ihn an Höhen und Tiefen bereithält: Der Raum der Kunst, den er für sich selbst erschlossen hat, das sich Versenken in die Arbeit mit den unterschiedlichen Materialien, mit Holz und Stein, Ton, Stoff und Farben wird seine „Insel" bleiben, sein Rückzugsort, in dem er verlässlich alles andere hinter sich lassen und zu sich selbst und seinem Glauben (zurück-)finden kann. *artundweise* leben: Unter diese sprach-spielerische Kurzformel, die zugleich der Homepage des Künstlers Stephan Oppermann den Namen verliehen hat, subsumiert er, was die größte Bereicherung seines Lebens ist!

Der Benediktinerorden

Zur Ordensgemeinschaft der Benediktiner und Benediktinerinnen zählen derzeit (Stand 2024) rund 800 Klöster weltweit mit rund 6.000 männlichen und 10.000 weiblichen Mitgliedern. In Deutschland umfasst die Gemeinschaft aktuell 50 Niederlassungen mit rund 480 männlichen und knapp 800 weiblichen Mitgliedern und ist damit die größte Ordensgemeinschaft.

Der Benediktinerorden ist die älteste heute noch bestehende klösterliche Bewegung der katholischen Kirche im Westen. Der Orden geht zurück auf die Regel des heiligen Benedikt von Nursia (480-547). In ihrer heutigen Form wurde die Ordensgemeinschaft 1893 von Papst Leo XIII. (1878-1903) konstituiert. Das Ordenskürzel lautet OSB und steht für Ordo Sancti Benedicti. Benedikt von Nursia gründete Anfang des 6. Jahrhunderts zunächst zwölf kleine Mönchssiedlungen in der Nähe des italienischen Subiaco. Später zog er mit einigen Mönchen weiter und gründete um 529 zwischen Rom und Neapel das Kloster Montecassino, das als erstes Benediktinerkloster angesehen wird. Um etwa 540 verfasste er seine Klosterregel. Diese wurde im Lauf der Jahrhunderte von immer mehr Klöstern übernommen. Im Mittelalter waren die Benediktiner der bedeutendste Orden. Wesentlich für die Benediktsregel sind die Aufteilung des Tages in Gebet und Arbeit sowie der Grundsatz der Ortsbeständigkeit. Benedikt verpflichtete die Mönche und Nonnen zur ständigen Anwesenheit in einem Kloster und grenzte sich damit von der damaligen Tradition der Wandermönche ab.

Mit seinem Grundprinzip des ora et labora (bete und arbeite) schuf Benedikt eine verbindliche gemeinsame Tagesordnung, mit definierten Anteilen an Gebets- wie an Arbeitszeiten. Eine wichtige Säule der Gemeinschaft ist das gemeinsame Gebet, für das Benedikt genaue Anweisungen liefert. Durch das benediktinische Gebot der Arbeit ermöglicht die Ordensregel die wirtschaftliche Eigenständigkeit der Klöster. Mönche und Nonnen zeigen durch die eigene Arbeit nicht nur ihre Armut (wer reich ist, braucht nicht zu arbeiten), sondern bestreiten mit dieser auch ihren Lebensunterhalt. Benediktinerklöster waren in der Vergangenheit immer Orte des (Kunst-)Handwerks und zeichnen sich auch heute noch dadurch aus. In ihrer geschichtlichen Entwicklung mehrten die Klöster ihr Wissen und setzen es gleichzeitig für ihren Erhalt ein. Es entstanden Klosterschulen und Bibliotheken, in denen Kunstwerke und Buchmalereien von unschätzbarem Wert geschaffen wurden.

Benediktiner tragen traditionell eine schwarze, gegürtete Tunika, ein schwarzes Skapulier mit Kapuze (eine Art Überwurf über das eigentliche Ordensgewand, bestehend aus zwei bis fast zum Boden reichenden Tüchern auf Rücken und Brust und eine schwarze Kukulle, einem mantelähnlichen Überkleid über der Ordenstracht.

Kloster Maria Laach

Maria Laach wurde 1093 von Pfalzgraf Heinrich II. von Laach gegründet. 1156 hielten dort die ersten Mönche Einzug. 1802 wurde die Abtei in der Säkularisation aufgehoben und ging zunächst in französischen Besitz über. Durch die Wiederbesiedlung durch Benediktinermönche aus der Erzabtei Beuron 1892 wurde die Abtei zum Mittelpunkt der deutschen liturgischen Bewegung und zum Zentrum für geistige, künstlerische und handwerkliche Betätigung. Als liturgische Bewegung werden die Erneuerungsbestrebungen des 19. und 20. Jahrhunderts bezeichnet, die eine stärkere Beteiligung der Gläubigen am Gottesdienst ermöglichen sollten. Sie nahm in mehreren Benediktinerabteien, vor allem in Maria Laach und Beuron, ihren Ausgang. Durch die Reformen unter den Päpsten Pius X. und Pius XII. und vor allem durch das Dekret über die Liturgie des Zweiten Vatikanischen Konzils fand diese Bewegung ihre Bestätigung: Einführung der Muttersprache (statt ausschließlich Latein), aktive Einbindung der Laien in die Gestaltung der Liturgie, Lektorendienste, Kommunionausteilung, Kelchkommunion, Vorabendmesse u. a.

Besondere Bedeutung kommt seit der Neugründung des Klosters den Künstlerbrüdern zu. Der heilige Benedikt selbst hat die Voraussetzungen dafür geschaffen, dass sich Kunst im Kloster entfalten kann und dass sie dort ihre Heimat hat. Direkt greifbar wird dies im Kapitel seiner Rede über Mönche als Handwerker (Regula Benedicti Kap. 57). Aufgrund dessen konnte sich in den Klöstern künstlerisches Schaffen entwickeln.

Schon um das Jahr 1900 bestand die Mönchsgemeinschaft in Maria Laach aus rund hundert Mitgliedern. So war es kein Wunder, dass sich schon sehr früh künstlerische Talente auf allen Gebieten zeigten. Von ihnen allen ging eine starke Wirkung aus. Sie arbeiteten für den Aufbau und die geistliche Ausstattung des neu erstandenen Klosters Maria Laach. Diese Tradition ist über die nachfolgenden Generationen weiter gepflegt und spezifiziert worden – zum Beispiel durch den Keramiker P. Theodor Bogler (1897–1968), der die Brücke zwischen dem Kloster und der großen Bauhaustradition sowie vielen anderen angesehenen Bauhauskünstlern schuf; durch Bruder Notker Becker (1883–1978), der in vielen künstlerischen und kunsthandwerklichen Bereichen tätig war; durch den prominenten Fotografen Bruder Oswald Kettenberger (1927–2020) oder durch Br. Lukas

Ruegenberg (geb. 1928), der als Sozialarbeiter, Maler und Illustrator (u. a. zahlreicher Kinderbücher) bekannt wurde. Bruder Stephan Oppermann reiht sich in diese Tradition ein.

Bis heute ist das Kloster Maria Laach ein Ort mit weitreichender geistlicher Ausstrahlung und ein Anziehungspunkt für viele Menschen, weit über die Region hinaus.

Triptychon „Gottes Geist schwebte über dem Wasser", Acryl auf Holz, Alter Dom Mainz, 2023

Jaune brillant (Gelbcreme)

Sakrale Blumen-Räume

„Die Himmel erzählen die Herrlichkeit Gottes und das Firmament kündet das Werk seiner Hände. Ein Tag sagt es dem andern, eine Nacht tut es der andern kund, ohne Rede und ohne Worte, ungehört bleibt ihre Stimme. Doch ihre Botschaft geht in die ganze Welt hinaus, / ihre Kunde bis zu den Enden der Erde. Dort hat er der Sonne ein Zelt gebaut. Sie tritt aus ihrem Gemach hervor wie ein Bräutigam; sie frohlockt wie ein Held, ihre Bahn zu laufen. Am einen Ende des Himmels geht sie auf / und läuft bis ans andere Ende; nichts kann sich vor ihrer Glut verbergen.

Psalm 19,2–19,7

◆ *Ein bisschen unwirklich, in jedem Fall aufregend, so, als ob man noch nichts sieht, aber das Knistern und Rauschen von edlem Stoff und Tüll bereits hört. Jetzt – jetzt ist es gleich so weit!*

Bruder Stephan

Zwei Jahre dauert die Ausbildung zum staatlich geprüften Gestalter für Blumenkunst an der Fachschule Weihenstephan in Freising. Nach seinem Noviziat erhielt Bruder Stephan die Möglichkeit, sein schon während der Ausbildung und in den Schweizer Jahren gewonnenes Blumen-Wissen zu vertiefen. Als künftiger „Gestalter für Blumenkunst" lernte er in dieser Zeit, dass die Sprache der Blumen so viel mehr impliziert, als dekorativer Schmuck für Haus oder Garten zu sein. Mit Blumen, so lernte er, lassen sich Ideen, künstlerische Visionen in Form und Farbe bringen. Mit Blumen lassen sich künstlerische Aussagen wirkungsvoll in Szene setzen, nicht anders als mit Pinsel, Farbe und Leinwand. Die für den Abschluss erforderliche Facharbeit widmete Bruder Stephan dann einem Thema, bei dem er gleich drei Aspekte seiner persönlichen Biografie miteinander in Einklang bringen konnte: die Liebe zu Blumen und Pflanzen und die Begeisterung für die Gestaltungsoptionen, die sie bieten; die künstlerischen Ambitionen, mit seinem Wirken Räume zu erschaffen und die Raumwirkung zu unterstützen; nicht zuletzt die intensive Auseinandersetzung mit biblischen Texten und mit dem Leben eines Ordensbruders im Lauf des Kirchenjahrs.

Aus der außergewöhnlichen Perspektive dieses Dreiklangs entstand die Abschlussarbeit zum Thema „Sakrale Blumenkunst – Eine vergängliche Art, das Evangelium zu verkünden". Sie basiert auf Werkarbeiten, die Bruder Stephan zum überwiegenden Teil in der Abteikirche von Maria Laach und in den Räumen des Konvents realisiert hat.

Bruder Stephan Oppermann: Sakrale Blumenkunst – „Eine vergängliche Art, das Evangelium zu verkünden"

Auszüge aus seiner Facharbeit

Die nachfolgenden Texte zeigen meine persönliche Auseinandersetzung mit der Heiligen Schrift, die mir zur Kraft, treibenden Stärke und zur Lebensinspiration geworden ist. Diesen Weg gehen zu können, die Auseinandersetzung zu wagen und mit meinen Talenten und meinem handwerklichen Können umzugehen, verdanke ich meinen Brüdern in Maria Laach, die mir diese Ausbildung ermöglicht haben. Sie gehen mit mir dieses Wagnis der Auseinandersetzung und Suche ein, begleiten und unterstützen mich.

> „Gott sah alles an, was er gemacht hatte:
> Es war sehr gut. So wurden Himmel und Erde
> vollendet und ihr ganzes Gefüge. Gen 1,31 ff.

Und Gott sah, dass es gut war, es war sehr gut! In den folgenden Arbeiten zeige ich meinen persönlichen Umgang mit der Heiligen Schrift. Die Blume ermöglicht mir so, meinen Glauben erahnbar zu machen und zu zeigen, was für mich Christsein und Verkündigung bedeuten. So ist die Blume und ist somit die Schöpfung für mich die vollkommene Verkündigung geworden.

Vor etwas mehr als fünfzig Jahren hat das Zweite Vatikanische Konzil unter Papst Paul VI. das Bewusstsein dafür gestärkt, dass jeder getaufte Christ kraft seiner Taufe die Beauftragung hat, mit seinen Talenten das Wort Gottes zu leben, zu verkünden und lebenswert mit Gehalt und Wert zu gestalten.

Das Konzil hat uns auch daran erinnert, dass wir als Getaufte all unsere Talente und unser Können zur Ehre Gottes einsetzen sollen und dürfen. Die ganze und tätige Teilnahme beschränkt sich somit nicht auf die Anwesenheit oder die Teilnahme an der Liturgie, sondern betrifft auch das eigene Handeln.

> „Das Heilige Konzil hat sich zum Ziel gesetzt, das christliche Leben unter den Gläubigen mehr und mehr zu vertiefen, die dem Wechsel unterworfenen Einrichtungen den Notwendigkeiten unseres Zeitalters besser anzupassen, zu fördern, was immer zur Einheit aller, die an Christus glauben, beitragen kann, und zu stärken, was immer helfen kann, alle in den Schoß der Kirche zu rufen.
>
> Konstitution über die Heilige Liturgie. Sacrosanctum Concilium, Art.

Mit dieser Haltung begebe ich mich auf meinen Weg, die Schöpfung zu zeigen und so auch meine Gaben und Talente in einer ästhetischen, gestalterischen Form zum Ausdruck zu bringen, was schon viele andere vor mir getan haben, oft in Form sakraler Kunst, die mir in ihrer Perfektion, ästhetischen Aussage und handwerklichem Können ein großes Vorbild geworden ist. Der Umgang mit der Schöpfung bedeutet für mich, meine Werke auf fachlicher Ebene zu einer Stimmigkeit zu führen unter Berücksichtigung der gegebenen Situation. Ich möchte meiner Gestaltung Gehalt verleihen, was nur durch eine intensive Auseinandersetzung mit dem Thema oder der Sachebene gelingt. Aus Abstraktion und Abstrahierung meiner Eindrücke und Empfindungen entstehen die Werkstücke, die im Kontext der Liturgie stehen und ihr Verstehen fördern sollen. Die Echtheit der Dinge, eine Blüte – sie geht auf, reift heran und vergeht – ist für mich ein wichtiger Teil meiner Arbeiten. Wenn etwas echt ist, darf es so sein, wie es ist, dann hat es keine Fehler, sondern nur Merkmale, die es einzigartig machen. Die Blume ist auch eine Opfergabe, als Dank(-opfer) an den Herrn für seine den Menschen anvertraute Schöpfung.

Dies schließt daher einen Kompromiss aus, also beispielsweise Kunstblumen oder Blüten aus Übersee, die um der langen Haltbarkeit wegen verwendet werden könnten.

Wenn sakrale Blumenkunst mit solch einer Verbundenheit zum Gestalter entsteht, wird sie ein Teil von ihm. So ist es mir immer ein Anliegen, dass meine Werkstücke nicht lediglich reine Dekoration sind. Ich möchte damit Blicke lenken, einen Raum schaffen und möglichst viele Sinne wecken für das, was mich bei der Auseinandersetzung beschäftigt hat.

Um ästhetisch gestalten zu können und etwas „Ergreifendes" hervorzubringen, darf für mich der Gesamtblick auf das ganze Geschehen nicht fehlen. Der Bezug zur Architektur des Gotteshauses durch verbindende Merkmale, durch Gemeinsamkeiten oder Kontraste ist eine stetige Herausforderung.

Bei der Farbgestaltung sind mir die liturgischen Farben ein wichtiger Anhaltspunkt.

Die liturgischen Farben

GRÜN

Wird im Jahreskreis und an den Werktagen getragen, an denen kein Heiligengedenken ist (Gottesdienst der Kirche).
Grün ist die Farbe des neuen Wachstums, der Hoffnung und der Auferstehung.

Wortfeld „Grün“:

Blumen:
Schneeball – Viburnum opulus
Buchsbaum – Buxus sempervirens
Heidenelke – Dianthus deltoides
Hortensie – Hydrangea macrophylla
Geißblatt – Lonicera nitida
Efeu – Hedera helix
Weide – Salix babylonica
Buchengrün – Fagus sylvatica

VIOLETT

Wird im Advent und in der vorösterlichen Bußzeit und zu Beisetzungen getragen. Violett ist das Sinnbild für Umkehr, Wandlung und Übergang.

Wortfeld „Violett“:

Blumen:
Schokoladenkosmee – Cosmos atrosanguineus
Sommerflieder – Buddleia alternifolia
Flieder – Syringa vulgaris
Rosen – Rosa hybrida
Krokus – Crocuse vernus
Dahlien – Dahlia hybrida
Astern – Aster

WEISS

Wird ausschließlich an Hochfesten, deren Oktaven, in der Weihnachts- und Osterzeit getragen. Weiße Kleider ziehen die Liturgen an Ostern an, weil der Engel am Grab in weißen Kleidern gesehen wurde. Sie sind ein Zeichen des Lichtes und weisen auf Gott hin. Weiße Kleider bedeuten Jubel (Gottesdienst der Kirche).

Weiß ist zudem die Farbe an Herrenfesten und zu Festen von Heiligen, die nicht das Martyrium erlitten.

Weiß ist die Farbe des Lichtes, der Reinheit, Unversehrtheit, Vollkommenheit und Klarheit.

Wortfeld „Weiß“:

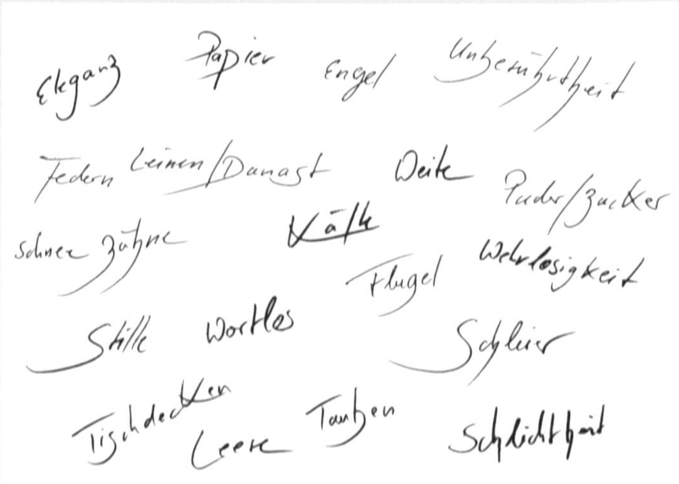

Blumen:
Calla sinensis – Zantedeschia aethiopica
Schleierkraut – Gypsophila
Lichtnelke – Silene latifolia
Amaryllis – Amaryllis belladonna
Hortensie – Hydrangea
Christrose – Helleborus niger
Schwertlilie – Iris barbata-elatior alba
Verblühter Löwenzahn – Taraxacum officinale
Rose – Rosa multiflora
Wicke – Vicia
Maiglöckchen – Convallaria majalis grandiflora
Märzenbecher – Leucojum vernum

ROT
Wird am Palmsonntag, an Karfreitag, Pfingsten, Fest Kreuzerhöhung, zur Firmung und an Märtyrerfesten getragen.
Rot symbolisiert den Heiligen Geist, Feuer und Blut.

Wortfeld „Rot“:

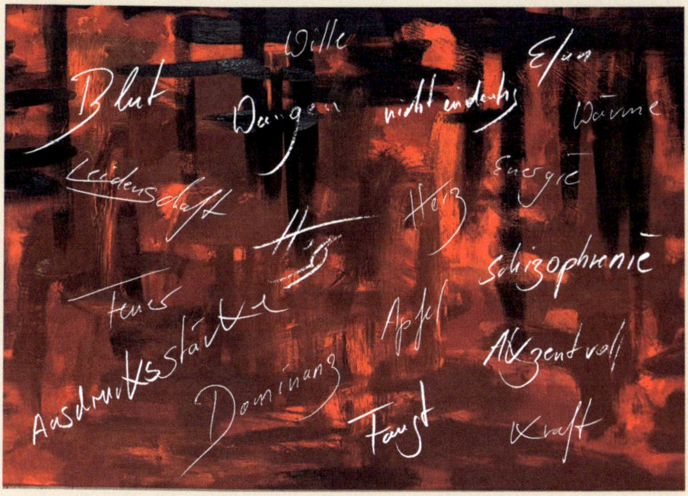

Blumen:
Rosen – Rosa hybrida
Dahlien – Dahlia hybrida
Geranien – Geranium peltatum
Gladiolen – Gladiolus palustris
Lampionblume – Physalis alkekengi
Chrysanthemen – Chrysanthemum maximum
Fetthenne – Sedum telephium
Feuerdorn – Pyrancantha koidzumii
Astern – Astern in Sorten
Baumwürger – Celastrus orbiculatus
Rudbeckie – Rudbeckia nitida

ROSA
Die Pastellform von Rot/Violett wird am dritten Adventssonntag (Gaudete) und am vierten Sonntag der vorösterlichen Bußzeit (Laetare) getragen.
Rosa wird gewählt, um den freudigen Charakter dieser beiden Festtage zu verdeutlichen (Mittfasten).

Wortfeld „Rosa“:

Blumen:
Sommerflieder – Buddleia alternifolia
Flieder – Syringa vulgaris
Freesie – Freesia hybrida
Rose – Rosa hybrida
Geranie – Geranium peltatum
Hortensie – Hydrangea macrophylla
Astern – Astern in Sorten
Inkalilie – Alstroemeria pallida

Blumenkunst in Analogie zum Kirchenjahr

Mit dem Advent beginnen das neue Kirchenjahr und der Weihnachtsfestkreis. In den Wochen des Advents bereiten sich die Christen auf das bevorstehende Weihnachtsfest vor. Zwei Aspekte begleiten uns in diesen Tagen: die Menschwerdung Christi in seiner Geburt (verbum caro factum est, Joh 1,14) wie auch sein Kommen am Ende der Tage (adventus = Ankunft). Aus diesen Gründen ist der Advent eine Zeit hingebender und freudiger Erwartung. Thematisch beschäftigen sich die Lesungen der Adventszeit überwiegend mit den Propheten, vor allem mit Jesaja, die Evangelien mit Johannes dem Täufer, dem Wegbereiter Jesu. Besondere Lichtfeiern in der Frühe, die Roratemessen mit Hunderten von Lichtern, kennzeichnen diese Wochen. Die liturgische Farbe dieser Zeit ist Violett oder – nach Laacher Tradition – Weinrot.

Advent

„Tauet, Himmel, den Gerechten!
Wolken, regnet ihn herab“,
rief das Volk in bangen Nächten,
dem Gott die Verheißung gab,
einst den Mittler selbst zu sehen
und zum Himmel einzugehen;
denn verschlossen war das Tor,
bis der Heiland trat hervor.

Voll Erbarmen hört das Flehen
Gott auf hohem Himmelsthron.
Alles Fleisch soll nunmehr sehen
Gottes Heil durch Gottes Sohn.
Eilend schwebt der Engel nieder,
mit der Antwort kehrt er wieder:
Sieh, ich bin des Herren Magd;
mir gescheh, wie du gesagt.

Ja, er kommt in Menschenhülle,
wie der Seher Mund versprach:
Leben, Licht und Gnadenfülle
folgen dem Verheißen nach:
Seht, des Todes Schatten schwinden,
nieder sinkt das Reich der Sünden:
Und der Schuldgen Sklavenband
bricht der Herr im Knechtsgewand.

Text: Michael Denis (1774)

In diesen Tagen machte sich Maria auf den Weg und eilte in eine Stadt im Bergland von Judäa. Sie ging in das Haus des Zacharias und begrüßte Elisabet. Und es geschah, als Elisabet den Gruß Marias hörte, hüpfte das Kind in ihrem Leib. Da wurde Elisabet vom Heiligen Geist erfüllt und rief mit lauter Stimme: Gesegnet bist du unter den Frauen und gesegnet ist die Frucht deines Leibes. Wer bin ich, dass die Mutter meines Herrn zu mir kommt? Denn siehe, in dem Augenblick, als ich deinen Gruß hörte, hüpfte das Kind vor Freude in meinem Leib. Und selig, die geglaubt hat, dass sich erfüllt, was der Herr ihr sagen ließ. Evangelium nach Lukas 1,39–45

Wortfeld:

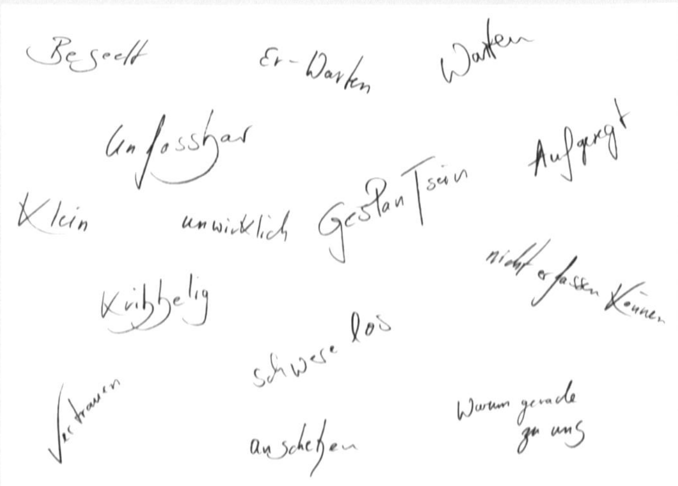

Blumen:
Amaryllis – Hippeastrum „Kolibri" Serie

Die Installation ist bestimmt für die letzten Adventstage bis zur Christnacht. „Das ist doch unglaublich, rätselhaft, wie kann das gehen, die Pflanzen benötigen doch Wasser“: So lauteten Reaktionen auf die erste Ausfertigung dieses Objektes. Tänzerisch schweben die Amaryllis kopfüber hängend im Raum, unnahbar, unfassbar, in auf- und abschwingender Bewegung, aber sich allmählich herabsenkend (katabatisch und anabatisch). Durch die parallele, monotone Reihung der Amaryllis entsteht ein Körper von Blüten, der in der Längsachse angeordnet ist und sich von der Raummitte bis hin zum Altar erstreckt. Die mobile-ähnliche Aufhängung lässt die Blüten schwerelos und abfließend erscheinen. Die Zuwendung Gottes an den Menschen wird widergespiegelt in den hängenden Amaryllis, einem Kryptophyten, der in der Dunkelheit ruht, aus ihr ans Tageslicht dringt und erblüht. Es wurde eine weiße Blüte gewählt, da die Installation auf Weihnachten mit der liturgischen Farbe Weiß hinweist und erst in diesen Tagen voll erblühen soll. Wie der erwartete Tau am frühen Morgen oder der Regen in der Frühe fruchtbringend Kraft sind, erfasst einen der Gedanke der beschenkenden Liebe Gottes, die sich in Form von Blüten ergießt.

Hochfest der Geburt des Herrn
In der Heiligen Nacht

Das Volk, das in der Finsternis ging, sah ein helles Licht; über denen, die im Land des Todesschattens wohnten, strahlte ein Licht auf. Du mehrtest die Nation, schenktest ihr große Freude. Man freute sich vor deinem Angesicht, wie man sich freut bei der Ernte, wie man jubelt, wenn Beute verteilt wird. Denn sein drückendes Joch und den Stab auf seiner Schulter, den Stock seines Antreibers zerbrachst du wie am Tag von Midian. Jeder Stiefel, der dröhnend daherstampft, jeder Mantel, im Blut gewälzt, wird verbrannt, wird ein Fraß des Feuers. Denn ein Kind wurde uns geboren, ein Sohn wurde uns geschenkt. Die Herrschaft wurde auf seine Schulter gelegt. Man rief seinen Namen aus: wunderbarer Ratgeber, starker Gott, Vater in Ewigkeit, Fürst des Friedens. Die große Herrschaft und der Frieden sind ohne Ende auf dem Thron Davids und in seinem Königreich, es zu festigen und zu stützen durch Recht und Gerechtigkeit, von jetzt an bis in Ewigkeit. Der Eifer des Herrn der Heerscharen wird das vollbringen.

1. Lesung Jes 9,1–6

Weihnachten, die Menschwerdung Gottes in der Geburt Jesu, wird seit dem 4. Jahrhundert am 25. Dezember gefeiert. Gott schenkt seinen Sohn, um die Menschheit zu erlösen. Der 25. Dezember war auch das Fest des heidnischen „Sol invictus", des unbesiegbaren Sonnengottes, da ab diesem Datum, also nach der Wintersonnenwende, die Tage wieder länger werden. Auf dieser historischen Grundlage hat das frühe Christentum dieses Datum für das Weihnachtsfest übernommen. Christus, das Licht der Welt, tritt zu uns in die Dunkelheit. Das Fest hat eine Oktav, das heißt, es wird eine Woche lang gefeiert (Oktav = der achte Tag): Die liturgische Farbe dieser Festzeit ist Weiß.

Wortfeld:

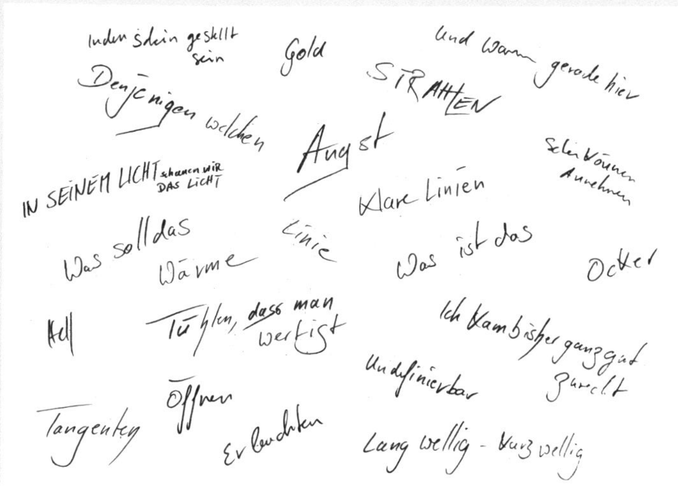

Blumen
Föhngras – Stipa calamagrostis

Der Stern als Zeichen des Lichtes, Licht im Dunkeln

Die Form des gestalteten Objektes, eine Interpretation des traditionellen Strohsterns, verdeutlicht den ganz nahen Bezug dieses Festes zum Jahreszyklus: Warten auf das Leben bringende Licht. Die Halme des Grases haben ihre Frucht gebracht und sind verdorrt, brüchig, fast nutzlos.

Zugleich lässt ihre Farbe an den wertvollen Bodenschatz denken: Gold. Doch zwischen der Assoziation des weichen Edelmetalls und den geknickten Halmen bleibt ein großer Kontrast, ein unlösbarer Widerspruch zwischen erlesenem Material, der Lichtmetapher schlechthin, und unabwendbarer Vergänglichkeit: Dies lässt den schlichten Werkstoff in einer ganz anderen Dimension erstrahlen, wobei es ebenfalls wie Gold ganz behutsam berührt und verarbeitet werden muss. Auch die Verdichtung der Gräser im Kern der Installation schafft eine Dynamik und lässt die Kraft, die von ihnen ausgeht, auf den Betrachter übergehen. Das Objekt entwickelt eine Energie nach oben, die es scheinbar schwerelos werden lässt. Es ist wie ein Komet, der immer ein wenig von seiner Substanz verliert, bis er verglüht. Es gleicht der liebenden Hingabe Gottes, die – anders als ein Komet – nie endet und sich auf alle verteilt, weshalb auch das Objekt über dem Altar angebracht ist, an dem Ort der Mahlfeier als dem Zentrum des Gottesdienstes.

Hochfest der Geburt des Herrn
Am Tag, 1. Lesung

Wie willkommen sind auf den Bergen die Schritte des Freudenboten, der Frieden ankündigt, der eine frohe Botschaft bringt und Heil verheißt, der zu Zion sagt: Dein Gott ist König.
Horch, deine Wächter erheben die Stimme, sie beginnen alle zu jubeln. Denn sie sehen mit eigenen Augen, wie der HERR *nach Zion zurückkehrt.*
Brecht in Jubel aus, jauchzt zusammen, ihr Trümmer Jerusalems! Denn der HERR *hat sein Volk getröstet, er hat Jerusalem erlöst. Der HERR hat seinen heiligen Arm vor den Augen aller Nationen entblößt und alle Enden der Erde werden das Heil unseres Gottes sehen.*

Am Tag, 1. Lesung Jesaja 52,7-10

Wortfeld:

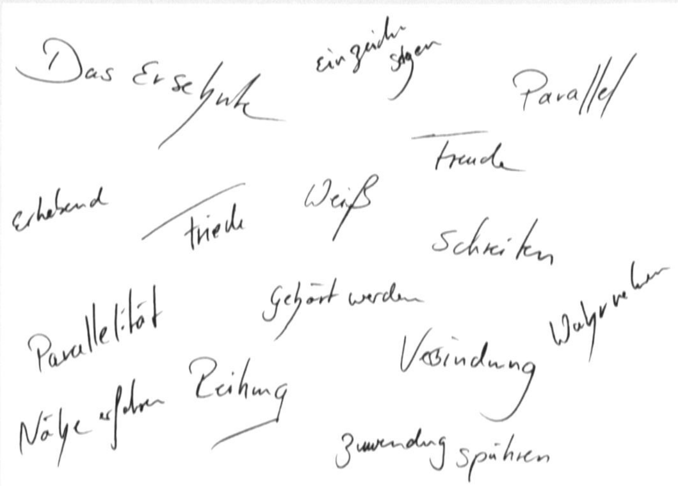

Die Friedensboten: hastig, eilig, aber standfest.

Gebrochene, abgestorbene Äste, die geschient und verbunden sind, wieder festen Halt bekommen haben. Nur in einigen verkümmerten Austrieben steckt noch Leben. Das zugefügte Leid, das Unrecht, die Fehlbehandlung sind offensichtlich, aber nicht mehr von Relevanz, da ein neuer Halt, eine Zuversicht da sind. Die regelmäßige Reihung der einzelnen gleich gestalteten Objekte verstärkt die Entschlossenheit, die die Botschaft der Lesung anklingen lässt. Weiter ist die Installation raumgreifend durch ihre Länge und geleitet einen zum Altar. Die Assoziation der Spitzen dieser Objekte, also der alltäglichen Christbaumaccessoires, macht deutlich, in welche Zeit der Friedensbote schreitet, nämlich in den Alltag des Menschen hinein. Vor allem das Zerbrechliche, das von Menschenhand Geschaffene, das für den notwendigen eigenen Beitrag des Menschen für den Frieden steht, trägt er an seinem Ende. Fast tänzerisch, wie sich der mundgeblasene Schmuck bei jedem Luftzug bewegt, so bizarr und gefährdet ist sein Überdauern und sein Vermögen zu bestehen. Der dynamische, peitschenartige Schwung am Ende des Objektes erinnert daran, wie gefährdet das Anliegen Gottes – Frieden auf Erden – ist.

Aschermittwoch

Fast- und Abstinenztag. Mit diesem Tag beginnt die vierzigtägige österliche Bußzeit (Quadragesima).

Nach altem Brauch verzehrt man an diesem Tag kein Fleisch und nimmt so wenig wie möglich zu sich.

Zu seinem Namen ist dieser Tag durch die Ascheaufstreuung gekommen. Zu Beginn eines eigenen Gottesdienstes wird jedem Gottesdienstteilnehmer Asche als ein Zeichen der Bereitschaft zur Umkehr und Buße aufs Haupt gestreut oder ein Kreuz mit Asche auf die Stirn gezeichnet.

Bekehrt euch und glaubt an das Evangelium. Mk 1,15

Bedenke, Mensch, dass du Staub bist und wieder zum Staub zurückkehren wirst. Vgl. Gen 3,19

In jener Zeit sprach Jesus zu seinen Jüngern:
Hütet euch, eure Gerechtigkeit vor den Menschen zu tun, um von ihnen gesehen zu werden; sonst habt ihr keinen Lohn von eurem Vater im Himmel zu erwarten. Wenn du Almosen gibst, posaune es nicht vor dir her, wie es die Heuchler in den Synagogen und auf den Gassen tun, um von den Leuten gelobt zu werden! Amen, das sage ich euch: Sie haben ihren Lohn bereits erhalten. Wenn du Almosen gibst, soll deine linke Hand nicht wissen, was deine rechte tut, damit dein Almosen im Verborgenen bleibt und dein Vater, der auch das Verborgene sieht, wird es dir vergelten. Wenn ihr betet, macht es nicht wie die Heuchler! Sie stellen sich beim Gebet gern in die Synagogen und an die Straßenecken, damit sie von den Leuten gesehen werden. Amen, das sage ich euch: Sie haben ihren Lohn bereits erhalten. Du aber geh in deine Kammer, wenn du betest, schließ die

Tür zu; dann bete zu deinem Vater, der im Verborgenen ist! Dein Vater, der auch das Verborgene sieht, wird es dir vergelten.
Wenn ihr fastet, macht kein finsteres Gesicht wie die Heuchler! Sie geben sich ein trübseliges Aussehen, damit die Leute merken, dass sie fasten. Amen, das sage ich euch: Sie haben ihren Lohn bereits erhalten. Du aber, wenn du fastest, salbe dein Haar und wasche dein Gesicht, damit die Leute nicht merken, dass du fastest, sondern nur dein Vater, der im Verborgenen ist; und dein Vater, der das Verborgene sieht, wird es dir vergelten. Mt 6,1-6, 16-18

Wortfeld:

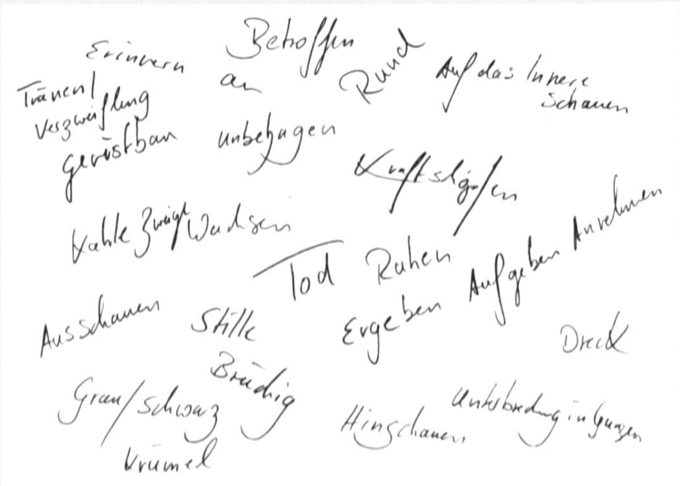

Blumen:
Kryptophyten
Geophyten

Narzisse – Narcissus jonquilla

Asche ist ein Überrest sowohl beim Verbrennen als Vernichtungsprozess als auch beim Läutern, um aus vermischten Substanzen reine Elemente zu gewinnen.

Ein konvexer Körper aus verkohlten Haselzweigen (Corylus avellana): Nach dem Brand bleibt das Grundgerippe stehen, das die Gesamtform bestimmt. Das Objekt steht immer unter Spannung. Kraft geht von ihm aus. Die Spannung der Zweige verleiht ihm innere Festigkeit und ermöglicht seinen Halt. Nach dem Gesetz der guten Fortführung vollendet sich das fragmentierte Objekt vor dem Auge des Betrachters zu einer geschlossenen Form. Wie eine Frucht birgt das Objekt in sich einen Keim: Die Narzisse, in der Tiefe verborgen und umhüllt von schwarzen, verbrannten Haselzweigen, ist eine Erinnerung an das Unglaubliche: Aus scheinbar Totem wächst Neues. In sich zu gehen, sich zu besinnen, das Gute wachsen zu lassen und in sich Raum zu geben, ist die Aufforderung für die folgenden Tage und Wochen. Dies erinnert an eine andere Verwendung von Haselzweigen, das Flechten von Körben. Geflochten, um darin zu sammeln und daraus zu verzehren. Die Asche, in der Neues entsteht, ist das, was in allerletzter Konsequenz übrig bleibt.

Palmsonntag

Mit diesem Sonntag beginnt die ganze Christenheit die Große oder Heilige Woche, die Karwoche.

An diesem Sonntag versammelt sich die Gemeinde möglichst außerhalb der Kirche mit gesegneten Palmzweigen in den Händen. Dort wird das Evangelium verkündet. Anschließend zieht die Gemeinde in einer Prozession zur Kirche. Im Messritus wird anstatt des Tagesevangeliums die Leidensgeschichte Jesu gelesen. Die gemeinsame Prozession der Gemeinde erinnert uns an den Einzug Jesu Christi in Jerusalem. Die liturgische Farbe dieses Tages ist Rot.

Gott, der Herr, gab mir die Zunge eines Jüngers, damit ich verstehe, die Müden zu stärken durch ein aufmunterndes Wort. Jeden Morgen weckt er mein Ohr, damit ich auf ihn höre wie ein Jünger.
Gott, der Herr, hat mir das Ohr geöffnet. Ich aber wehrte mich nicht und wich nicht zurück. Ich hielt meinen Rücken denen hin, die mich schlugen, und denen, die mir den Bart ausrissen, meine Wangen. Mein Gesicht verbarg ich nicht vor Schmähungen und Speichel. Doch Gott, der Herr, wird mir helfen; darum werde ich nicht in Schande enden. Deshalb mache ich mein Gesicht hart wie einen Kiesel; ich weiß, dass ich nicht in Schande gerate. 1. Lesung, Jes 50,4-7

Wortfeld:

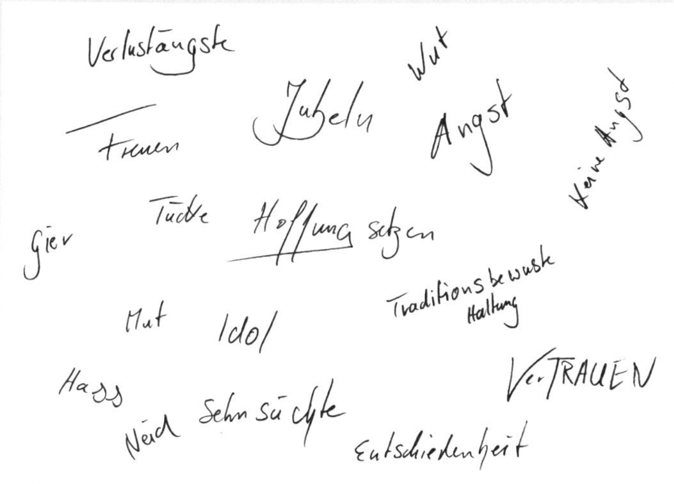

In meiner Arbeit war es mir sehr wichtig, die überschwängliche Freude dieses Tages in Bewegungen umzusetzen. Die Gräser tanzen wie eine jubelnde Stadionmenge um den Tabernakel. Alles ist in Aufruhr und jeder in Bewegung. Nur die grauen Fäden lassen erahnen, dass da noch was kommt. Der Grauschleier, an dessen Ende Steine hängen, verrät, dass es nicht so bleiben wird. Steine werden immer wieder in der Schrift erwähnt: „Befehle ich ihnen zu schweigen, werden die Steine schreien."

Eine überragende Stimmung muss geherrscht haben. Der Erlöser kommt.

Gründonnerstag

Es ist der Donnerstag vor Ostern. Mit ihm beginnt das Triduum paschale, die Dreitagesfeier bis Ostern. Diese drei Tage werden als eine einzige Feier begangen. Zu Beginn der Feier wird das Gloria gesungen, zu dem alle Glocken läuten, die dann bis zum Gloria der Osternacht verstummen. Ein weiterer Teil der Feier ist die Fußwaschung. Nach der Eucharistiefeier wird das Allerheiligste an einem besonderen Ort aufbewahrt, der Tabernakel ist leer und offen, der Altar wird völlig leer geräumt. Die liturgische Farbe an diesem Abend ist Weiß.

Das Abschiedsmahl

Es war vor dem Paschafest. Jesus wusste, dass seine Stunde gekommen war, um aus dieser Welt zum Vater hinüberzugehen. Da er die Seinen, die in der Welt waren, liebte, erwies er ihnen seine Liebe bis zur Vollendung.
Es fand ein Mahl statt, und der Teufel hatte Judas, dem Sohn des Simon Iskariot, schon ins Herz gegeben, ihn zu verraten und auszuliefern. Jesus, der wusste, dass ihm der Vater alles in die Hand gegeben hatte und dass er von Gott gekommen war und zu Gott zurückkehrte, stand vom Mahl auf, legte sein Gewand ab und umgürtete sich mit einem Leinentuch.
Dann goss er Wasser in eine Schüssel und begann, den Jüngern die Füße zu waschen und mit dem Leinentuch abzutrocknen, mit dem er umgürtet war.
Als er zu Simon Petrus kam, sagte dieser zu ihm: Du, Herr, willst mir die Füße waschen?
Jesus antwortete ihm: Was ich tue, verstehst du jetzt noch nicht; doch später wirst du es begreifen. Petrus entgegnete ihm: Niemals

sollst du mir die Füße waschen! Jesus erwiderte ihm: Wenn ich dich nicht wasche, hast du keinen Anteil an mir.
Da sagte Simon Petrus zu ihm: Herr, dann nicht nur meine Füße, sondern auch die Hände und das Haupt.
Jesus sagte zu ihm: Wer vom Bad kommt, ist ganz rein und braucht sich nur noch die Füße zu waschen. Auch ihr seid rein, aber nicht alle. Er wusste nämlich, wer ihn verraten würde; darum sagte er: Ihr seid nicht alle rein.
Als er ihnen die Füße gewaschen, sein Gewand wieder angelegt und Platz genommen hatte, sagte er zu ihnen: Begreift ihr, was ich an euch getan habe?
Ihr sagt zu mir Meister und Herr und ihr nennt mich mit Recht so; denn ich bin es.
Wenn nun ich, der Herr und Meister, euch die Füße gewaschen habe, dann müsst auch ihr einander die Füße waschen.
Ich habe euch ein Beispiel gegeben, damit auch ihr so handelt, wie ich an euch gehandelt habe. Evangelium, Joh 13,1–15

Wortfeld:

Das größte Fest der Juden ist an diesem Abend: Das Paschafest, an dem sich alle versammeln und unter strikten Regeln dieses Fest begehen. Alles ist durchorganisiert bis ins kleinste Detail. Perfekt eben. Diese Perfektion habe ich in meiner Gestaltung mit der stetigen Reihung zum Ausdruck gebracht. Links befindet sich auf einem Bambusstab, der mit blutroter Farbe bespritzt ist, eine rote Rose. Alle Blätter sind anzuschauen, jedes Detail ist sichtbar und unterliegt einer bezaubernden idyllischen Anmutung. Auf der gegenüberliegenden Seite befinden sich kreuz und quer angeordnete, ebenfalls blutrote Bambuszweige, durch die sich Rubus sectio (Brombeerranken) winden und auf der sich ebenfalls Rosen befinden. Beide Seiten sind allein stehend, ein Kontrast, wie er größer nicht sein könnte, und in der Mitte sitzen wir, die Betrachter. Die bevorstehende Spannung ist förmlich zu spüren vom Fest weg in den Garten Gethsemane, wo Verrat, Verleumdung und Tod warten. Jubel, Tod und Auferstehung – alles wird in den nächsten drei Tagen geschehen. Die unglaubliche Brutalität, mit der agiert worden ist, die wir förmlich spüren können, findet in der Farbe Rot ihren Ausdruck. Ein perfektes Symbol ist die rote Rose, die für Liebe steht, aber eben auch für Leid.

Karfreitag

Am Kreuz erhöht, wird er die Blicke aller an sich ziehen.

Wortfeld:

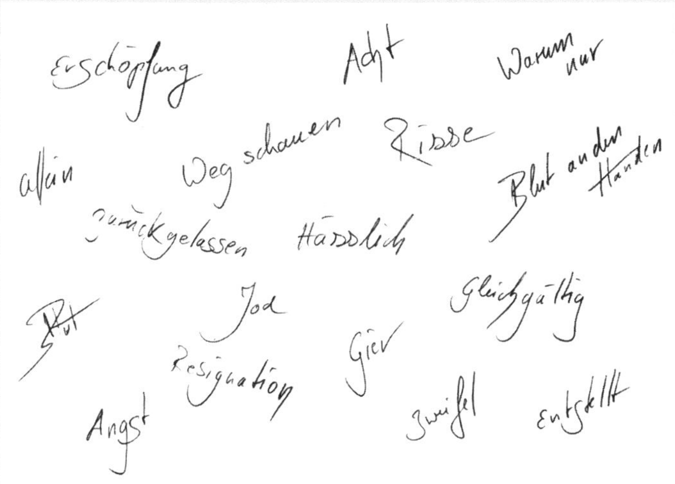

„Es ist überhaupt nicht schön anzusehen. Wenn ich es sehe, berührt es mein Herz." Zitat eines Mitbruders

Blut, Mord, Unrecht, Wunden und Schmerzen sind Begleiter dieses Tages.
Einen Kranz von Dornen setzten sie ihm auf den Kopf (vgl. Mt. 27,29). So entstellt sah er aus.
Aus den Wunden flossen Blut und Wasser.
Hingabe und Leben.
Dieses Werkstück habe ich für meine Gemeinschaft zum Karfreitag gefertigt. Fünf Bänder an einem Reif, einem Diadem aus

Schlehenzweigen, die Karikatur einer Corona civica, also einer antiken Ehrbezeichnung, verliehen von denjenigen, denen er geholfen hat. Ein Reif hat keinen Anfang und kein Ende. Zum Gedenken oder zum nie aufhörenden Ertragen-Müssen. Auf den Bändern befinden sich blutende Handabdrücke. Welcher mag wohl meiner sein? Die rote Farbe läuft nach unten in Richtung Boden, auf jeden von uns. Ist es meine Hand oder ist es mein Blut?

Ver-
leugnung
Sieg
Kreuz

Osternacht

In dieser Nacht, die „Nacht der Nächte", so die liturgische Bezeichnung, oder am Abend des Karsamstags versammeln sich Christen betend und wachend in der Zuversicht der Auferstehung Jesu Christi. Sie beginnen den Nachtgottesdienst vor den Gotteshäusern mit Lichterfeiern. Für diese Nacht sind acht Lesungen vorgesehen, und mit dem Lobpreis Gottes, dem Gloria, und der folgenden Eucharistiefeier feiert die Kirche die Überwindung des Todes durch Jesus Christus.
Die liturgische Farbe in dieser Nacht ist Weiß.

Nach dem Sabbat kamen in der Morgendämmerung des ersten Tages der Woche Maria aus Magdala und die andere Maria, um nach dem Grab zu sehen. Plötzlich entstand ein gewaltiges Erdbeben; denn ein Engel des Herrn kam vom Himmel herab, trat an das Grab, wälzte den Stein weg und setzte sich darauf. Seine Gestalt leuchtete wie ein Blitz und sein Gewand war weiß wie Schnee. Die Wächter begannen vor Angst zu zittern und fielen wie tot zu Boden.
Der Engel aber sagte zu den Frauen: Fürchtet euch nicht! Ich weiß, ihr sucht Jesus, den Gekreuzigten. Er ist nicht hier; denn er ist auferstanden, wie er gesagt hat. Kommt her und seht euch die Stelle an, wo er lag.
Dann geht schnell zu seinen Jüngern und sagt ihnen: Er ist von den Toten auferstanden. Er geht euch voraus nach Galiläa, dort werdet ihr ihn sehen. Ich habe es euch gesagt.
Sogleich verließen sie das Grab und eilten voll Furcht und großer Freude zu seinen Jüngern, um ihnen die Botschaft zu verkünden.
Plötzlich kam ihnen Jesus entgegen und sagte: Seid gegrüßt! Sie gingen auf ihn zu, warfen sich vor ihm nieder und umfassten seine

Füße. Da sagte Jesus zu ihnen: Fürchtet euch nicht! Geht und sagt meinen Brüdern, sie sollen nach Galiläa gehen und dort werden sie mich sehen. Evangelium zur Osternacht, Mt 28,1-10

Wortfeld:

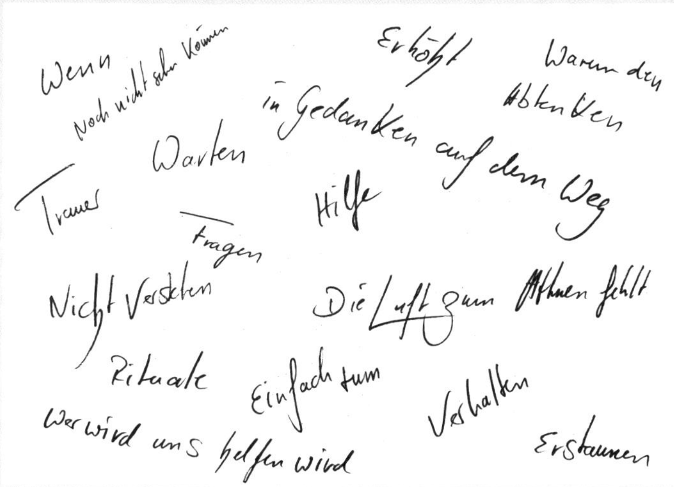

Blumen für diese Nacht:
Forsythie – Forsythia suspensa

In der Osternacht, nach den schrecklichen Ereignissen der vergangenen Tage, überrascht ein „Engel" die Jünger mit der Nachricht, dass er auferstanden sei und man sich nicht fürchten solle. Somit zählt Ostern nicht zu den Festen, an denen die Jünger/ersten Christen jubelten, sondern staunten. Die Forsythienzweige tanzen freudig durch den Chorraum, aber sie zeigen nicht zum Altar. Alles ist sehr verhalten. Sie beschreiben Freude, aber sie zeigen aufeinander. Der Bewegungsfluss zeigt zur Gruppe der Zurückgebliebenen. Die Freude ist da – aber auf was ist sie gerichtet? Ein erster Eindruck von Staunen ist, dass nach der kalten Vegetationsperiode endlich wieder Sträucher blühen, um Frucht zu bringen.
Durch die Montage in einer Höhe von fünf Metern sind die Zweige exponiert, erhöht, hervorgehoben: Es wird auf sie aufmerksam gemacht. Die symmetrische Anordnung gibt der Installation einen statischen Eindruck und verleiht ihr Entschiedenheit. Gelb ist die Farbe mit der höchsten Leuchtkraft, die Farbe des Lichtes und des Feuers, in niedrigem Mengenverhältnis, jedoch durch deren Position sehr ausgewogen im gesamten Raumgefüge. Der Ort, an dem sie stehen, ist von allen Punkten in der Kirche zu sehen.

Die Botschaft ist für alle: Er ist auferstanden.

Pfingsten

„Der Fünfzigste“, fünfzig Tage, sieben mal sieben plus eins, das Herrliche quadriert und dazu noch die Zahl der Einheit und Ganzheit, dies ist der Zeitraum, in dem die Christen die Osterzeit feiern. Das Pfingstfest schließt den Osterkreis mit dem Zeichen, dass der Geist in den Alltag geleitet wird. Obwohl es auch den Pfingstmontag gibt, wird dieses Fest aus liturgischer Sicht nur am Sonntag gefeiert, da es um einen ganz bestimmten Tag geht, den fünfzigsten nach Ostern. Das Ereignis dieses Tages ist, dass der Geist sich auf jeden der Apostel herabsenkt und sie erfüllt, als sie versammelt waren zum jüdischen Fest Schawuot, zu dem viele Menschen in der Stadt waren. Heute wird dieses Fest in der christlichen Tradition als Gründungsfest der Kirche verstanden. Die liturgische Farbe ist Rot.

Die Hand des Herrn legte sich auf mich und der Herr brachte mich im Geist hinaus und versetzte mich mitten in die Ebene. Sie war voll von Gebeinen.

Er führte mich ringsum an ihnen vorüber und ich sah sehr viele über die Ebene verstreut liegen; sie waren ganz ausgetrocknet.
Er fragte mich: Menschensohn, können diese Gebeine wieder lebendig werden? Ich antwortete: Herr und Gott, das weißt nur du.
Da sagte er zu mir: Sprich als Prophet über diese Gebeine und sag zu ihnen: Ihr ausgetrockneten Gebeine, hört das Wort des Herrn!
So spricht Gott, der Herr, zu diesen Gebeinen: Ich selbst bringe Geist in euch, dann werdet ihr lebendig.

Ich spanne Sehnen über euch und umgebe euch mit Fleisch; ich überziehe euch mit Haut und bringe Geist in euch, dann werdet ihr lebendig. Dann werdet ihr erkennen, dass ich der Herr bin.

Da sprach ich als Prophet, wie mir befohlen war; und noch während ich redete, hörte ich auf einmal ein Geräusch: Die Gebeine rückten zusammen, Bein an Bein.

Und als ich hinsah, waren plötzlich Sehnen auf ihnen und Fleisch umgab sie und Haut überzog sie. Aber es war noch kein Geist in ihnen.

Da sagte er zu mir: Rede als Prophet zum Geist, rede, Menschensohn, sag zum Geist: So spricht Gott, der Herr: Geist, komm herbei von den vier Winden! Hauch diese Erschlagenen an, damit sie lebendig werden.

Da sprach ich als Prophet, wie er mir befohlen hatte, und es kam Geist in sie. Sie wurden lebendig und standen auf – ein großes, gewaltiges Heer.

Er sagte zu mir: Menschensohn, diese Gebeine sind das ganze Haus Israel. Jetzt sagt Israel: Ausgetrocknet sind unsere Gebeine, unsere Hoffnung ist untergegangen, wir sind verloren.

Deshalb tritt als Prophet auf und sag zu ihnen: So spricht Gott, der Herr: Ich öffne eure Gräber und hole euch, mein Volk, aus euren Gräbern herauf. Ich bringe euch zurück in das Land Israel.

Wenn ich eure Gräber öffne und euch, mein Volk, aus euren Gräbern heraufhole, dann werdet ihr erkennen, dass ich der Herr bin.

Ich hauche euch meinen Geist ein, dann werdet ihr lebendig und ich bringe euch wieder in euer Land. Dann werdet ihr erkennen, dass ich der Herr bin. Ich habe gesprochen und ich führe es aus – Spruch des Herrn.

Lesung vom Vorabend, Ez 37,1–14

Am Abend dieses ersten Tages der Woche, als die Jünger aus Furcht vor den Juden die Türen verschlossen hatten, kam Jesus, trat in ihre Mitte und sagte zu ihnen: Friede sei mit euch!

Nach diesen Worten zeigte er ihnen seine Hände und seine Seite. Da freuten sich die Jünger, dass sie den Herrn sahen.

Jesus sagte noch einmal zu ihnen: Friede sei mit euch! Wie mich der Vater gesandt hat, so sende ich euch.

Nachdem er das gesagt hatte, hauchte er sie an und sprach zu ihnen: Empfangt den Heiligen Geist!
Wem ihr die Sünden vergebt, dem sind sie vergeben; wem ihr die Vergebung verweigert, dem ist sie verweigert.

Evangelium am Pfingstsonntag, Joh 20,19–23

Wortfeld:

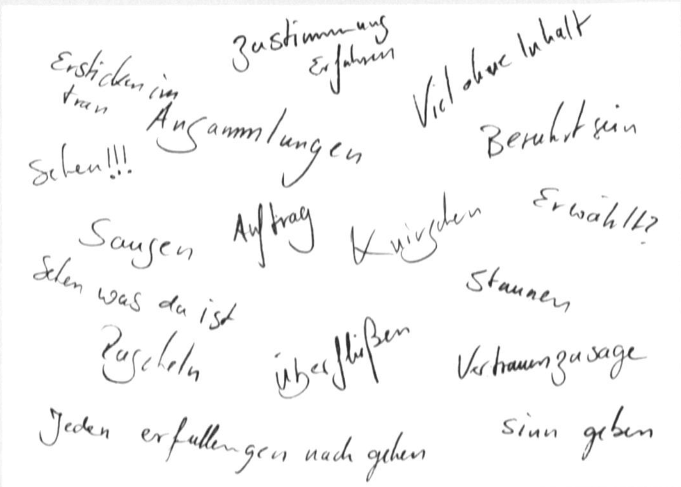

Blumen:
Pfingstrosen – Paeonia daurica subsp. coriifolia
Flatterbinsen – Juncus effusus

Bei der Dekoration ging es darum, den Schutz Gottes, das Gefühl von Beschirmtsein, auszudrücken: Der Geist, der sich auf uns herabsenkt und uns berührt. Die Kuppel aus zierlichsten Seidenfäden hält ganz starre lineare Binsen. Halten die Binsen nicht zusammen, fallen sie durch das feine Gewebe. Das Gewebe ist behütend, nicht aufstülpend. Die gehaltene Binse wird so zu einer Enzyklopädie der Individuen, die nur in großer Menge ein imposantes Auftreten haben. Die absinkenden Pfingstrosen thematisieren noch einmal diesen Tag in ihrer Bewegung, aber auch in ihrer Erscheinung, da diese Blume alleine schon von ihrem Namen her mit Pfingsten in Verbindung gebracht wird. Die farbliche Ausgestaltung der segelartigen Dreiecke hat sich an den Fenstern der Kirche orientiert, um die Verbundenheit Gottes mit den Menschen noch mehr zu verdeutlichen.

Für seine „herausragenden Leistungen", nicht zuletzt im Rahmen der Abschlussarbeit, wurde Bruder Stephan 2013 als einer der vier Jahrgangsbesten der Absolventen der Staatlichen Fachschule für Blumenkunst Weihenstephan mit einem Meisterpreis ausgezeichnet. Für seine Mitbrüder im Kloster wie für ihn selbst zeichnete sich zu diesem Zeitpunkt ab, dass sein Talent, seine besondere Gabe, darin lag, seinen Glauben, einen künstlerischen Blick auf die Welt und einen besonderen Zugang zur Welt der Blumen und Pflanzen miteinander in Einklang zu bringen. Irgendwo im Rahmen dieses „Dreiklangs" würde er künftig seinen Weg suchen und gehen. Es war, so sieht Bruder Stephan es im Rückblick, einmal mehr der Aufbruch in einen neuen Lebensabschnitt, zunächst noch vage und mit vielen Unwägbarkeiten, aber auch mit einem starken Gefühl dafür, auf dem richtigen Weg zu sein.

„Autochthon", Kettensägearbeit, Nexus IV, ARK, Museum Boppard, 2020

Raum-Gebung aus Holz und Stein

> Gott sah, dass das Licht gut war. Und Gott schied das Licht von der Finsternis. Und Gott nannte das Licht Tag und die Finsternis nannte er Nacht. Es wurde Abend und es wurde Morgen: erster Tag. Gen 1,4–5

◆ *Diese Farbe ist ein gütiges Gelb. Bestätigung, Bestärkung, sich selbst vertrauen, sich etwas zutrauen und in der Rückschau das Geschaffene gutheißen können. Ein dankbares, zutiefst positives Erleben: Ja, es ist gut!* Bruder Stephan

Verzagt zu sein, ist für Bruder Stephan keine Option, egal, wie gewaltig die Herausforderungen des Lebens an ihn sind. Nur ein einziges Mal war es Verzagtheit, die ihm den Weg wies – und eine der fraglos wichtigsten Weichenstellungen für sein Leben initiierte, wie er im Rückblick dankbar konstatiert. Denn als spätestens nach dem Abschluss der Ausbildung als Gestalter für Blumenkunst die künstlerische Begabung des jungen Mönchs unübersehbar war, erklärte die Ordensgemeinschaft in Maria Laach sich bereit, ihm ein Kunststudium zu finanzieren. Einmal mehr erwies es sich an diesem Punkt als Glücksfall, dass gerade in Maria Laach die Förderung von künstlerisch begabten Mönchen eine lange Tradition hat. Aber Malerei studieren, im Wissen um die eigene Farbenblindheit? Das erschien dem jungen Ordensbruder dann doch allzu gewagt.

„Das habe ich mich schlicht nicht getraut", erinnert er sich. Und entschied sich stattdessen für ein Studium der Bildhauerei, das ihn 2016 an die Alanus Hochschule in Alfter bei Bonn führte. Ein Glücksfall, wie sich schon bald herausstellen sollte. Denn in der anthroposophisch geprägten Einrichtung mit ihrem ganzheitlichen Bildungsbegriff und dem Wunsch, sowohl die künstlerische wie die persönliche Entwicklung der Studierenden zu fördern, fand Bruder Stephan ein geradezu maßgeschneidertes Umfeld. Erstmals gelang es ihm hier, sich seiner Begabungen und Talente als wesentlichen Facetten seiner Persönlichkeit bewusst zu werden. Erstmals lernte er hier, dass Kunst für ihn eine Sprache bietet, um das eigene Da- und Sosein in der Welt zu reflektieren, um Auseinandersetzungen mit den Fragen der Zeit und des Lebens zu reflektieren und nach Antworten zu suchen.

Die entscheidende Begegnung war dabei die mit Jo Bukowski, dem im Februar 2024 verstorbenen Künstler und charismatischen Dozenten an der Hochschule, der Bruder Stephan unter seine Fittiche nahm und auf seinem künstlerischen Werdegang intensiv begleitete. Die eigene innere Stimme zu erkennen und ihr eine unverwechselbare künstlerische „Handschrift" zu verleihen: Das war sein Credo, das Bruder Stephan zu seinem eigenen machte. Sehr schnell realisierte „Jo", wie er von seinen Studierenden genannt wurde, dass der junge Stephan, wenn es um Farben ging, eine „Schere im Kopf" hatte. Deshalb animierte er ihn gleich zu Beginn des Studiums, zunächst mit Holzschnitten und in Schwarz-Weiß zu arbeiten. Das machte Bruder Stephan keine Mühe. Da bewegte er sich auf sicherem Terrain und fand so Zutrauen zu sich selbst und seinem künstlerischen Arbeiten.

Um in einem weiteren Entwicklungsschritt Mut zur Farbe zu entwickeln, dazu bedurfte es einer weiteren, von Jo Bukowski initiierten Begegnung: In Köln lernte Bruder Stephan Martin Kätelhön kennen, der in seiner traditionsreichen Kunstdruckerei schon mit vielen Künstlerinnen und Künstlern gearbeitet hatte. Hier wurde der Bann gebrochen, der den jungen Künstler bislang davon abgehalten hatte, in Farbe zu arbeiten. Wie man es schaffen kann, eine Seelen-Farbe aufs Papier zu bringen, das lernte er hier – und es war wie ein Befreiungsschlag für ihn und sein künftiges Arbeiten. Es brauchte noch eine ergänzende Lektion, die für den weiteren künstlerischen Weg entscheidend sein sollte: think big.

In der Begegnung mit dem ambitionierten Studenten begriff Jo Bukowski schnell, dass dessen Talent sich nicht in der akribischen, exakt ziselierten Feinarbeit würde „austoben" können, sondern große Formate und Dimensionen benötigte. Warum Bleistift, wenn die Kettensäge in diesem Fall viel eher geeignet ist, um zwischen Werkstoff und innerer Vorstellungswelt einen Dialog entstehen zu lassen? Für Bruder Stephan entpuppte sich der Mut zum Großformat in Verbindung mit dem Mut zur Farbe als entscheidender Anstoß. Das würde künftig „seine Sprache" sein, davon war er überzeugt. Mit dem einen wie dem anderen und in Kombination von beiden war sein weiterer Weg vorgegeben. Jetzt galt es, mit den verschiedenen Optionen zu experimentieren, sich wichtige Grundlagen und Kenntnisse zur Bildhauerei anzueignen und dann für die eigenen kreativen Ideen zu nutzen.

Die Kunst des Wegnehmens

Die grundlegende Frage, die sich für den Bildhauer stellt, ist die nach dem Werkstoff. Die prominentesten Skulpturen der Kunstgeschichte wurden zumeist aus Luxusmaterialien wie Marmor oder Bronze geschaffen. Zu beiden hätte Bruder Stephan niemals einen Bezug gefunden. Holz war da viel eher sein Element, schlug es doch eine Brücke zu seinem Umgang als Florist mit den unterschiedlichen natürlichen Materialien. Und auch Stein als Werkstoff war ihm sympathisch, denn in unmittelbarer Nähe zum Kloster Maria Laach gibt es eine Vielzahl von Steinbrüchen mit so unterschiedlichen Steinen wie Basaltlava, Tuff oder Sandstein.

Wie aber arbeitet man aus einem Holzstamm oder einem Steinklotz ein Kunstobjekt heraus? Das ist, ganz praktisch, die Frage nach dem Werkzeug. Gestalterisch und künstlerisch allerdings ist ein anderer Aspekt entscheidend. Denn anders als etwa bei einer Plastik, die Schicht um Schicht aufgebaut wird, entsteht eine Skulptur durch Wegnehmen. Einen Körper formen, indem man ihn aus dem Werkstoff gleichsam freilegt, bedeutet, sich vorausschauend Klarheit zu verschaffen über Proportionen, Körperformen und -dimensionen. Diese Gedankenübung, so erlebt es Bruder Stephan, hat einen enormen disziplinierenden Faktor. Einmal verinnerlicht, verändert der Gedanke des Wegnehmens den Blick auf den Werkstoff, auf das Holz oder den Stein, den es zu bearbeiten gilt. „Das Potential dessen, was da unbearbeitet vor mir liegt, und meine Gestaltungsidee in Einklang zu bringen, das ist die große Herausforderung. Nur so kann am Ende ein Objekt entstehen, in dem sich ausdrückt, was mich bewegt und mir am Herzen liegt."

Es gehört zu den Besonderheiten des Studiums an der Alanus Hochschule, dass dort auch eigenen künstlerischen Vorhaben und Projekten Raum gegeben wird. Für Bruder Stephan bot sich so schon früh im Studium die Möglichkeit, Kunstwerke für konkrete Anlässe zu gestalten. So schuf er 2017 für den befreundeten und ausgesprochen kunstsinnigen Mönchengladbacher Pfarrer Klaus Hurtz einen überdimensionalen Nagel, geformt aus dem Holz einer 130 Jahre alten Buche, gestaltet unter Zuhilfenahme einer Kettensäge. Eine Zeile aus dem Kolosserbrief lieferte die Inspiration: „Er hat den Schuldbrief getilgt, der mit seinen Forderungen gegen uns war, und hat ihn aufgehoben und an das Kreuz geheftet" (Kol 2,14). Der Nagel war während der Passionszeit im Vorraum der Kirche St. Marien Rheydt zu sehen.

Zwei Jahre später, 2019, schuf Bruder Stephan im Zuge eines Studienprojekts aus Gips zwei überdimensionale Füße, wuchtige, schwere Füße, denen man ansehen konnte, dass sie gewohnt waren, die Last eines Lebens zu tragen. Auch hier waren es die Nägel, die die gedankliche Brücke zur biblischen Passionsgeschichte herstellten. Die Füße fanden in der Karfreitagsliturgie erneut in der Kirche St. Marien Mönchengladbach-Rheydt Platz. Und Pfarrer Hurtz beauftragte einen seiner Messdiener mit der Aufgabe, während der Liturgie die beiden Nägel in die dafür vorgesehenen Vertiefungen zu rammen. Das schmerzlich-schrille Geräusch, das dabei entstand, rief den Teilnehmenden des Gottesdienstes in außergewöhnlicher Eindringlichkeit die Dramatik dieses Tuns ins Bewusstsein.

Zum Passionsgeschehen, symbolisiert in den Nägeln, die für die Kreuzigung Jesu stehen, kehrt Bruder Stephan immer wieder zurück. Für eine Performance in Paderborn und anschließend für eine Ausstellung in der Pfarrkirche St. Andreas Korschenbroich schuf er 2025 zwei riesige Nagelobjekte, die er mit der Kettensäge aus dem gewaltigen Stamm eines ursprünglich auf dem Laacher Gelände beheimateten Urwaldmammutbaums herausarbeitete. Besucherinnen und Besucher der Korschenbroicher Kirche waren eingeladen, auf Zettel ihre Erlösungswünsche, ihre Klagen und Bitten zu formulieren und die Zettel dann in die Ritzen und Risse der Nägel zu stecken. In der Osternacht wurden die Briefchen in das lodernde Osterfeuer gelegt, wo sie die Flammen für die Osterkerze nähren konnten, die dann als das große Hoffnungslicht in die dunkle Kirche getragen wurde.

festgenagelte
gottesliebe
für uns
vernagelte
P. Augustinus, Maria Laach

Fiat lux

Für den Abschluss des Studiums und um den Titel eines „Bachelor of Fine Arts" zu erlangen, gilt es für die Studierenden, sich mit einem finalen Kunstprojekt – eigentlich im Rahmen einer gemeinsamen öffentlichen Ausstellung – zu präsentieren. Für Bruder Stephan verband sich das letzte Studienjahr mit einem intensiven persönlichen Erleben: „Das Ende des Studiums markiert ja auch das Ende eines weiteren Lebensabschnitts. Damit verbunden, stellte sich für mich die Frage nach dem künftigen Mittelpunkt meines Lebens, konkret und im übertragenen Sinn. Und einmal mehr erlebte ich mich in aller Eindringlichkeit als Suchenden. Wo würde künftig mein Mittelpunkt sein? Wo würde mein Platz sein, in unserer Gemeinschaft, aber auch für mich als Mönch und Künstler?" Es waren solche Überlegungen, die die Idee für die Abschlussarbeit reifen ließen. In ihr „verewigte" Bruder Stephan die Gemeinschaft seiner zum damaligen Zeitpunkt (2020) dreißig Mitbrüder, indem er für jeden von ihnen einen eigenen Holzschnitt fertigte plus einem weiteren für sich selbst. „Es war für mich eine ganz intensive Übung, jeden einzelnen meiner Mitbrüder noch einmal ein Stück weit neu kennenzulernen, ihn zu erleben in seinen Alltagsvollzügen, in seinem Da-Sein in unserer Gemeinschaft, in seinen Besonderheiten. Das, was ich beobachtet und wahrgenommen habe, ist dann eingeflossen in meine Figurenzeichnung: so unterschiedlich die Persönlichkeiten, so unterschiedlich die Figuren." Es sind schwarze Silhouetten, mal aufrecht stehend, mal gebeugt, mal gekrümmt, die auf jedem Holzschnitt den Blick auf sich ziehen. Umgeben ist jede dieser Figuren von einem in Grau gehaltenen „Umraum", einer Aura, die die Person einhüllt, die vielleicht aber auch das Hinübergleiten in Räumlichkeit und Wirklichkeit markiert.

Mit dieser gerahmten Mönchsgemeinschaft von 31 Brüdern und Patres eine „normale" Ausstellung zu bestücken, hätte das Thema dieses Projekts für Bruder Stephan nur unbefriedigend wiedergeben können. Ihm schwebte eine andere „Performance" vor. Und den richtigen Raum dafür fand er in der ehemaligen Kirche der Prämonstratenserabtei Rommersdorf in Heimbach-Weis oberhalb von Neuwied. Die Kirche, seit 1912 nur noch eine Ruine und dem Verfall preisgegeben, war in den späten 1970er-Jahren von einem Förderkreis mit einem neuen Dach versehen worden, sodass der Innenraum wieder genutzt werden konnte. Hier erhielt Bruder Stephan die Erlaubnis, für sein Projekt frei schalten und walten zu dürfen. Und einmal mehr bewährte sich dabei das Improvisationsgeschick des Künstlerbruders. Mithilfe einer Gerüstkonstruktion errichtete er innerhalb des Kirchenraums einen eigenen Chorraum, der dann durch weiße, über das Gestänge drapierte Tücher die Atmosphäre eines Chorgestühls erhielt. Und in diesen Chorraum hinein platzierte er die Mönchs-Holzschnitte, am Kopf und an den beiden gegenüberliegenden Wänden und damit genau so, wie die Anordnung eines Konvents im Gestühl einer Klosterkirche erfolgt. Als Titel für die Ausstellung wählte er ein Zitat aus der Schöpfungsgeschichte, aus dem 1. Buch Mose: „Fiat lux – Es werde Licht": „Als Kinder des Lichts sind wir auf dem Weg in die Zukunft, umgeben von Menschen, mit denen wir unseren Lebensweg gemeinsam gehen. Deshalb habe ich meine Mitbrüder, mit denen ich meinen Glauben teile, in den Mittelpunkt meiner Ausstellung gestellt."

Zwei Mitbrüder, der Künstlerbruder Oswald Kettenberger, und Pater Petrus, seit 2019 Prior-Administrator in Maria Laach, wurden im selben Jahr noch ein zweites Mal von Bruder Stephan „verewigt": Im Rahmen der Ausstellung „Schatten und Licht" präsentierte Bruder Stephan sie in Gestalt zweier Holzskulpturen, die er mit der Kettensäge aus einem Holzstamm herausgearbeitet hatte: Der Lichtgedanke, in der Fiat-lux-Ausstellung zum Thema gemacht, fand hier, in den „Lichtgestalten", die noch mit einem Hauch Magenta, Bruder Stephans Lieblingsfarbe, geadelt worden waren, seine Fortsetzung.

Die Ausgangsfrage der Bachelorausstellung nach dem „richtigen" Platz in der Welt, die Suche nach „Heimat", menschlich, künstlerisch und als Christ, ist mit dem erfolgreichen Abschluss des Studiums für Bruder Stephan keineswegs abschließend beantwortet. Immer wieder und in ganz unterschiedlichen Kontexten fordert sie ihn heraus und zwingt ihn zur innerlichen wie künstlerischen Auseinandersetzung.

2021/22 beteiligt er sich an der Ausstellung „Nexus IV – im Dialog mit der Kurfürstlichen Burg" der Arbeitsgruppe rheinland-pfälzischer Künstlerinnen und Künstler (ark e. V.), die sich die Aufgabe gestellt haben, in einen künstlerischen „Dialog" mit der Burg in Boppard als besonderem, geschichtsträchtigen Ort zu treten. Für diese Ausstellung schafft Bruder Stephan sechs hochlehnige Stühle, die er mit der Kettensäge aus volumigen Baumstämmen herausgearbeitet hat. Zum einen nimmt er damit Bezug auf den weltberühmten Sohn der Stadt Boppard, Michael Thonet, dessen (Sitz-)Möbel im 19. Jahrhundert Weltruhm erlangten. Zugleich geht es ihm um das Sitzen, um das

„Be-Sitzen“ und „Be-Setzen“. Stühle, wie der Heilige Stuhl oder der Richterstuhl, können Ausdruck der herausgehobenen Stellung einer Person, gleichsam zu deren Personifikation, werden. Aber was ist mit den Menschen, die sich auf den von Bruder Stephan geschaffenen sechs Stühlen niederlassen? Auch an sie richtet sich die Frage nach dem rechten (Sitz-)Platz im Leben. Ist dieser Platz da, wo man gerade etwas besitzt? Oder ist dieser Platz eher dynamisch, volatil, abhängig von vielen äußeren wie inneren Faktoren? In jeden Stuhlrücken hat Bruder Stephan Buchstaben eingekerbt, mal nur einen, mal zwei. In der richtigen Reihenfolge gelesen, ergeben sie das Wort „autochthon“. Es stammt aus dem Griechischen, bedeutet so viel wie „bodenständig“ oder „eingeboren“, und wird von Bruder Stephan gedeutet im Sinn einer untrennbaren Verbundenheit mit einem Ort. Ob dabei der Blick zurückgerichtet ist auf die Genese einer solchen Verbundenheit oder nach vorn gerichtet wird in die Zukunft als Wunsch, an einem solchen Ort, real oder geistig, einst anzukommen, ist eine Frage der Interpretation.

Für Bruder Stephan, den ewig Suchenden, ist beides bedeutsam, die Beschäftigung mit der Frage: „Woher komme ich?“ ebenso wie mit der nach dem „Wohin?“. Auf welchem Weg bin ich und wo stehe ich?

Das künstlerische Arbeiten jedenfalls wird für ihn mit fortschreitenden Jahren immer mehr zur und immer wichtiger als kontinuierliche(n) Auseinandersetzung mit den Kernfragen seines Lebens und des Lebens überhaupt. Einen „frommen Freigeist“ hat eine Freundin ihn einmal genannt. Und in dieser Umschreibung kann er sich gut wiederfinden: Denn ja, sein Glaube, sein Vertrauen auf Gott und dessen Fügung geben die prägende Leitlinie seines Lebens vor. Die Ordensgemeinschaft in Maria Laach gibt das „Gerüst“ für seinen Alltag und dessen Vollzüge, in das sich einzufügen ein gewisses Maß an Struktur in sein Leben bringt und die permanente innere Unruhe in eine Art Korsett zwingt. Innerhalb dieses Rahmens jedoch sucht und schafft er seine Freiräume, in denen er, der Künstler-Bruder, sich entfalten und zuweilen austoben kann – eine oft spannungsvolle, immer spannende Existenz, keine Frage, aber auch eine, die von einem großen Lebenshunger zeugt und von der Bereitschaft, Leben als großartig-göttliches Geschenk in all seiner Intensität und all seinen Facetten auszuloten.

„Im Dialog mit der Sayner Hütte“, keramische Aufbauarbeit, Schamottton, Sayner Hütte, Nexus V, ARK, 2024

„artundweiseleben", Bleiradierung, 2018

Magenta

Leben in Farb-Räumen

„Denn der Eifer für dein Haus hat mich verzehrt, die Verhöhnungen derer, die dich verhöhnen, sind auf mich gefallen. Ps 69,10

◆ *Magenta: Es ist die einzige Farbe, die ich gut sehen kann, eine Farbe, die Tiefe beinhaltet und Weite, eine Farbe, die das Verlangen nach Vollkommensein impliziert. Sie lässt mich eintauchen in eine Welt des Bedingungslosen, in der ich mir selbst das Streben nach Vervollkommnung zugestehe.* *Bruder Stephan*

Ein Samstagnachmittag im Atelier von Bruder Stephan: Eine Gruppe von Besucherinnen und Besuchern hat sich eingefunden zu einer Führung. Ein intensiver Geruch von Ölfarben hat sie schon an der Tür willkommen geheißen. Er kommt aus dem oberen Stockwerk. Dort wird Bruder Stephan ihnen gleich einen Einblick in sein aktuelles Großprojekt geben. Das Innenministerium des Landes Nordrhein-Westfalen hat ihn mit einem Kunstprojekt zum 75-jährigen Bestehen des Grundgesetzes beauftragt. „Die Würde des Menschen ist unantastbar" (Artikel 1 des Grundgesetzes) soll der Titel der Ausstellung lauten, und er hat in Bruder Stephan ganz viele Saiten zum Klingen gebracht. Denn über Menschenwürde hat er immer und immer wieder nachgedacht: Was macht sie aus – die Würde des Menschen? Wie bedroht ist sie – durch Macht und Markt? Was macht sie aus, wenn ein Mensch all seines „Beiwerks" beraubt ist, seiner Besitztümer, seiner Titel, seiner Reputation, seines Ansehens? Was bleibt dann?

Für Bruder Stephan liegt es an jedem Einzelnen, die Würde zu verteidigen, indem er die Menschheit in der Person eines jeden einzelnen Menschen wertschätzt und damit göttlichem

Beispiel folgt: Denn es ist Gott, der jedem Menschen ohne Ansehen der Person die Krone der Würde aufsetzt, einer Würde, die unzerstörbar ist und gerade deshalb das vielleicht wichtigste Gut im Zusammenleben der Menschen darstellt. Da berührt sich sein eigenes Denken unmittelbar mit dem, was im Grundgesetz der Bundesrepublik seit 75 Jahren festgeschrieben ist. Aber: Die Freiheit und die Würde aller Menschen zu schützen, ist in der heutigen Zeit nicht mehr selbstverständlich. Demokratie und Rechtsstaatlichkeit werden attackiert, der Schutz der Menschenwürde als oberste und wichtigste Handlungsmaxime scheint immer öfter ins Abseits zu geraten. Da braucht es ein künstlerisches Fanal, einen Appell, eine Botschaft, die aufrüttelt. Elf großformatige Bilder hat Bruder Stephan deshalb für die Düsseldorfer Ausstellung geschaffen und sich darin exemplarisch mit elf Artikeln aus der Präambel des Grundgesetzes auseinandergesetzt. Es sind kraftvolle, intensive, mit dickem Pinselstrich und in mehreren Schichten aufgetragene Ölfarben, die die einzelnen Bilder beherrschen. Über die jeweilige Grundfarbe sind in einer komplementären Farbe gewebeartige Farb-Netze aufgetragen, mal grünlich, mal gelb, mal rötlich schimmernd. Bei genauem Betrachten sind in der Tiefe der Bilder Schriftzüge zu erkennen – Zitate aus der Präambel des Grundgesetzes wie „Recht auf Leben und körperliche Unversehrtheit" oder „Freiheit des Glaubens".

Die Bilder verfehlen an diesem Nachmittag bei den Atelierbesucherinnen und -besuchern in Bruder Stephans Atelier ihre Wirkung nicht. Nachdenklich und fast ein bisschen ehrfürchtig schreiten sie von Bild zu Bild, diskutieren, stellen Fragen. Weshalb er sich bei diesem Bild gerade für dieses Türkis entschieden habe, will ein Besucher von ihm wissen. Und dann folgt, was Bruder Stephan schon hundertfach erlebt hat: Wenn er erzählt, dass er farbenblind ist, dass es seine „Seelen-Farben“ sind, die er, ohne es abgleichen zu können, aufs Bild bannt, blickt er in irritierte, fragende, ungläubige Augen. Kann das sein, ein Künstler, dessen ureigenes Medium die Farben sind – und dann farbenblind? Es kann!

Bruder Stephan weiß um seine Farbsehstörung seit Kindertagen. Keine Farben erkennen zu können, wird medizinisch als Achromasie bezeichnet. In Deutschland sind geschätzt rund 3.000 Menschen von der erblichen Fehlsichtigkeit betroffen, darunter erheblich mehr Männer als Frauen. In der Kunstgeschichte gibt es eine Reihe prominenter Maler, deren Farbsehstörung bekannt ist oder zumindest vermutet wird: so im Fall von Claude Monet und Andy Warhol, die wohl beide an einer Rot-Grün-Fehlsichtigkeit litten. Bei Michelangelo wurde eine sog. Protanopie, eine Rotblindheit, diagnostiziert. Auch bei Tintoretto, Edgar Degas und Vincent van Gogh wird über eine Farbsehschwäche spekuliert.

Eine Welt ohne Farbe(n): Das ist für die meisten Menschen eine beklemmende Vorstellung, bedeutet es für sie doch das Fehlen einer zentralen sinnlichen Wahrnehmung: Farben transportieren Stimmungen und Botschaften, sie lösen Gefühle aus, verbinden sich mit Erinnerungen, Gerüchen, Geschmack. Von einer in hohem Maß „farbgesteuerten“ Kultur sprechen Psychologen. Im Supermarkt, in Großstadtstraßen, aber auch im Fernsehen und in den modernen Medien lassen sich die Schattenseiten dieser Dominanz von Farben erleben: Sie überfluten Augen und Wahrnehmung mit einer Überfülle an (Farb-)Reizen, die kaum noch zu verarbeiten sind. „Wenn Farben nur noch grelle Oberfläche sind, lenken sie vom Wesentlichen ab“, sagt Bruder Stephan. Für ihn ist seine Farbblindheit daher kein Defizit, sondern eher eine Erleichterung. Wenn er in der Natur unterwegs ist, in den Straßen einer Stadt oder den Räumen eines Hauses, erkennt er, was vielen anderen Menschen vielleicht verborgen bleibt, weil sie von der „Buntheit" in ihrer Umgebung abgelenkt werden: Strukturen, Atmosphäre, Raum-Wirkungen. Beim Betrachten eines Kunstwerks richtet sich seine Wahrnehmung auf die Strahlkraft der Farben, auf deren Tiefe, auf Licht- und Schattenwirkung, Hell und Dunkel.

All diese „Seh-Eindrücke" treffen in Bruder Stephans „Innenwelt", vor seinem inneren Auge, auf eine reiche Welt eigener, innerer Farben. Es war ein langer und mühsamer Prozess, jene Farben, die er „sieht", wenn er über Bildgebung und Farbgestaltung seiner Bilder nachdenkt, in Übereinstimmung und Einklang zu bringen mit den konkreten Farben, die ihm als Künstler zur Verfügung stehen. Zumal jede „innere" Farbe immer auch mit einer Empfindung, mit einem Gefühl, einer Stimmung verbunden ist. Nicht zuletzt mit der Hilfe von Martin Kätelhön, den Bruder Stephan wegen seiner Akribie und seiner Professionalität schätzt, hat er „seine" Farben definiert und kann somit das eigene „Farb-Bild" und die reale zugehörige Farbe gut zusammenbringen. Bevorzugt arbeitet er mit Ölfarben, die seiner gern großflächigen Malweise ebenso entgegenkommen wie seinem Bedürfnis, in seinen Arbeiten Tiefendimensionen mit pastosen Farbschichten zu schaffen. An seinem Arbeitsplatz im Atelier in Maria Laach liegen Tuben und Flaschen dutzendweise neben Pinseln und Spachteln in den unterschiedlichsten Größen und Dicken. Ob Indigo oder Pariserblau, Zinnoberrot oder Karminrot, Terra di Siena oder Vandyckbraun: Wenn Bruder Stephan mit einer neuen Arbeit beginnt, ist in seiner Vorstellung die Auswahl der benötigten Farben längst festgelegt.

Überhaupt entstehen seine Bilder selten vor der Leinwand. In vielen Fällen ist das Bild „fertig", ehe er sich an die Leinwand stellt. Das kann dann durchaus auch schon mal zu nachtschlafender Zeit morgens um vier Uhr sein, wenn er aufwacht, weil er plötzlich das fertig gestaltet sieht, womit er tagelang „schwanger" gegangen ist. Dann muss es „raus", ist der Drang zu malen übermächtig. Aus der Erfahrung vieler Jahre künstlerischen Arbeitens weiß er, dass das eine schwere Übung ist, sich zuzugestehen, dass ein Projekt einen „Reifungsprozess" braucht, der unsichtbar und unbewusst abläuft – und auch bis an die Grenzen von Verzagtheit, Unruhe, Ungeduld führen kann. Das muss man aushalten, hat er gelernt. Und er weiß längst auch, dass es keinen anderen Weg gibt: Sich vor eine Leinwand zu setzen und Stunde um Stunde, manchmal tagelang, die beklemmende Stille kreativer Leere zu ertragen, hat er erlebt und weiß: Das ist keine Option. Aber ein in der Vorstellung fertiges Bild umzusetzen, das ist dann ein intensiver, aber meist zügiger Akt. Die meisten Bilder entstehen „aus einem Guss" – und so, wie sie sind, sind sie dann auch fertig, vollendet, auf den Punkt.

Bruder Stephan
„Krone Mensch Würde“

Der Alte Dom in Mainz hat für mich eine ganz besondere Anziehungskraft. Die Gewaltigkeit dieses Raumes, die durch die besondere Baustellensituation noch verstärkt wird, lässt mich immer wieder erleben, was ein Raum mit einem Menschen tun kann, wie er das Wahrnehmen von Räumlichkeit, aber auch die eigene Selbstwahrnehmung beeinflussen kann. Für diesen so besonderen Raum eine Ausstellung gestalten zu dürfen, war eine Herzensangelegenheit für mich. Und das Thema der im September 2024 gestarteten Ausstellung „Krone Mensch Würde“ passte hervorragend zum Thema der Ausstellung im Düsseldorfer Innenministerium anlässlich des Grundgesetz-Jubiläums im Mai 2024. Dass jeder Mensch mit Würde gekrönt ist, korrespondiert mit der Kernaussage des Grundgesetzes, dass die Würde des Menschen „unantastbar“ ist. Und doch erleben wir tagtäglich, wie fragil diese Würde ist, wie leichtfertig sie aufs Spiel gesetzt wird, wenn es um Macht, um Politik, um die Verfolgung von Eigeninteressen geht. Aus diesem Gedanken heraus habe ich eine Art Mobile geschaffen, das dann unter der Kirchenkuppel des Alten Doms befestigt wurde. An diesem Mobile in luftiger Höhe hingen Kronen, große, aber ganz zarte, leichte Gebilde aus Styropor, die alle Inschriften transportierten, Wörter wie „du“, „Freiheit“, „Authentizität“ oder eben „Menschenwürde“: Unsere Demokratie hängt an einem seidenen Faden. Und das Miteinander der Menschen, die doch eigentlich die „Krone der Schöpfung“ sein sollen, ist dramatisch gefährdet. Korrespondierend zu diesen Kronen des Mobiles habe ich, gemeinsam mit dem evangelischen Stadtkirchenpfarrer Kristian Körver und der Architektin Christiane Wolf vom Evangelischen Dekanat Mainz Kronen in unterschiedlichsten Formen aus Ton gefertigt. Für den roten Ton aus der Eifel, der dabei zum Einsatz kam, haben wir in Maria Laach eine spezielle Bronzeglasur entwickelt. Sie hat den Kronen ihre „würdige" Optik gegeben. Mehr als 220 dieser ganz unterschiedlichen Kronen haben wir im Alten Dom verteilt. Dort, wo einst Menschen begraben wurden, deren Namen aber heute weitgehend vergessen sind, haben wir eine Krone platziert. Jede Krone steht für einen Menschen, der dort einst beigesetzt wurde. Die Kronen versinnbildlichen die Würde dieser Verstorbenen und repräsentieren zugleich unser aller Würde – als Menschen. Es ist jene Würde, die von Gott gegeben ist und über den Tod hinaus gilt. Für mich als Trauerbegleiter und Bestatter verbindet sich damit noch ein weiterer Gedanke: Würde ist auch ein Thema unseres Umgangs miteinander, im Leben ebenso wie im Sterben. Jemanden zu bestatten, ist ein Liebesdienst. Der Umgang mit unserer Sterblichkeit – auch er hat mit Würde zu tun.

Dass die Menschenfreundlichkeit der jahrtausendealten Bibeltexte und der Blick auf die Menschenrechte, wie ihn unsere Verfassung wirft, so eng zusammenzusehen sind, hat mich in dieser Phase meines Schaffens nachhaltig beschäftigt. Daraus ist ergänzend zu dem Mobile und den Kronen quasi Teil drei für die Mainzer Ausstellung entstanden – eine Serie von zwölf Holzschnitten, die im Westchor des Alten Doms ausgestellt waren. Kurze Zitate aus der Bibel und dem Grundgesetz sind darauf zu finden – und jeweils eine Krone: Wer sich rühmen darf, „Krone der Schöpfung" zu sein, für den führt kein Weg vorbei an der Menschenzugewandtheit der Bibel und an jener Menschenwürde, die in der Verfassung als unantastbar deklariert wird. Magenta und ein kraftvolles Gelb sind die Farben, in denen mein Freund Martin Kätelhön, der als Druckspezialist in Köln viele Künstler betreut, diesen Holzschnitten den richtigen „Farb-Klang" gegeben hat.

Eine Predigt in Farbe

Die Wissenschaft kennt seit Langem das Phänomen der Synästhesie: Bei Menschen, die von dieser besonderen Form der Wahrnehmung betroffen sind, vermischen sich unterschiedliche Sinneseindrücke: Töne erzeugen einen spezifischen Geschmack, Buchstaben oder Zahlen erzeugen vor dem inneren Auge Farben. Ferdinand von Schirach, der deutsche Jurist und Schriftsteller, hat in einem Interview einmal über seine eigene Synästhesie gesprochen, die wiederum Grundlage für das besondere Sehvermögen seines Protagonisten Sebastian von Eschburg in dem Roman „Tabu" ist: „Als er lesen lernte, bekamen auch die Buchstaben Farben. Das ‚A' war so rot wie die Strickjacke der Lehrerin in der Dorfschule ... Das ‚B' war viel leichter, es war gelb und roch wie die Rapsfelder auf dem Weg zur Schule" (Ferdinand von Schirach: Tabu. München 2017, S. 15). Im Fall von Bruder Stephan könnte man von einer Art „Bibel-Synästhesie" sprechen: Denn für ihn verbinden sich viele Bibelstellen, Sätze oder Passagen aus den Psalmen und den Texten des Alten oder Neuen Testaments mit einer Farbe. Wenn er sich mit diesen Versen beschäftigt, öffnet sich in seiner Vorstellungswelt ein Farb-Raum, der zugleich mit einem bestimmten Gefühl, mit eigenen Erfahrungen und damit verbundenen Empfindungen verbunden ist, Angst oder Trauer, Hoffnung oder Dankbarkeit. Nicht zufällig liegt den meisten von Bruder Stephan geschaffenen Bildern ein Bibelmotto zugrunde. Im Frühjahr 2023 zum Beispiel hat er für den Alten Dom in Mainz ein überdimensionales Triptychon geschaffen, drei Tafeln mit einer Breite von knapp drei Metern und einer Länge von mehr als sechs Metern, das zwei Monate lang in luftiger Höhe zum Blickfang in dem seit mehreren Jahren von Gerüsten und archäologischen Grabungen beherrschten Kirchenraum wurde.

„MeerHimmel" titelte das Evangelische Dekanat das gesamte Programm rund um Bruder Stephans Bild. Er selbst ließ sich bei seiner Arbeit leiten von der Schöpfungsgeschichte und dem Satz „Gottes Geist schwebte über dem Wasser". Er habe sich bewusst für den Tag der Genese entschieden, erläutert er, für den Tag, an dem Himmel und Erde noch nicht geschieden waren. „Der Geist waberte zwischen den Wassern", so laute eine andere Übersetzung des Bibelverses, die ihm gut gefällt. „Diesen Zustand des Diffusen wollte ich abbilden." Nicht weniger als fünfzig Farbschichten hat er für diesen riesigen Bild-Schöpfungsakt aufgetragen, ein unruhiges, aufwühlendes, abgründiges Dunkelblau an den Rändern, das zur Mitte hin immer heller wird und schließlich übergeht in ein lichtes, den Blick geradezu magisch anziehendes Weiß. „Wasser kann für uns Menschen vieles bedeuten", sagt er. „Es ist Lebenselixier, aber es kann auch den Tod bringen, wenn man zum Beispiel an die Ahrkatastrophe oder viele andere Unwetterkatastrophen weltweit denkt. Daraus erklären sich die dunklen Stellen, die Unruhe – und auch ein Stück Wut."

Das riesige Triptychon, bei dem jede Platte ein Gewicht von 150 Kilogramm hatte, im Chorraum des Alten Doms aufzuhängen und zu befestigen, kam einer logistischen Meisterleistung gleich. Überhaupt sind nicht wenige der Projekte, die Bruder Stephan realisiert, mit praktisch-logistischen Herausforderungen verbunden, die man dem fertigen Objekt am Ende nicht mehr ansieht und die dennoch wesentlich für ihre Entstehung sind. 2024 erhielt er vom Zentralkomitee der deutschen Katholiken (ZdK) die Einladung, für den Katholikentag in Erfurt großformatige Kunstobjekte zu gestalten. Als Rahmenbedingungen waren vorgegeben: die Farben des Katholikentags, Orange und Lila, sowie das Leitmotto aus Psalm 37: „Zukunft hat der Mensch des Friedens". Beim Abschlussgottesdienst auf den geschichtsträchtigen Stufen von St. Severi und Mariendom, wo zu DDR-Zeiten schon Christen mutig ihren Glauben bekannten, beherrschen vier großformatige Bilder in eindringlicher Farbgebung das Bild: In Öl auf großformatigen Holztafeln hat Bruder Stephan seine „Friedensbotschaft" weithin sichtbar verewigt. Als Hintergrund für das Vortragekreuz, an der Kredenz, am Ambo und als Antependium fügen sie den Altarraum unter freiem Himmel zu einer harmonischen Ganzheit zusammen. Hinter diesem Altarraum jedoch, auf den vielen Stufen, die nach oben führen, liegt eine riesige Psalmrolle. Drei Meter breit und fünfzig Meter lang. Bruder Stephans Idee war es, an einer Stelle den gesamten Text von Psalm 37, mit dem er sich lange auseinandergesetzt hat, in den Gottesdienst einzubeziehen. Also besorgte er kurz entschlossen fünfzig Meter lange Bahnen Stoff, die aber jeweils nur eine Breite von 1,50 Meter hatten. Kein Problem für den textilaffinen Mönch. Stunde um Stunde ratterte in seinem Atelier die Nähmaschine, um die beiden Stoffbahnen der Länge nach miteinander zu vernähen. Im nächsten Schritt teilte er die Stoffbahn dann durch Querschnitte in drei etwa gleich große Teile, die später leicht versetzt auf den Stufen ausgerollt werden würden.

Und dann passierte, was das Schlimmste für jeden Künstler ist: Bruder Stephan saß vor dieser riesigen weißen Stoffleinwand, konfrontiert mit der großen Aufgabe, die er sich selbst gestellt hatte, und mit dem Wissen um die „Öffentlichkeit", die diese Arbeit erreichen würde, und hatte eine Malblockade. Es brauchte Tage und den Zuspruch vieler guter Menschen in seiner Nähe, die ihm ihr Zutrauen in seine Fähigkeiten signalisierten, bis der Bann gebrochen war. Und dann war alles nur noch eine Frage des Handlings:

Wie bringt man Farben auf ein solches Format und einen beweglichen textilen Untergrund? Wie verteilt man die Textmengen? Und wie „beschreibt" man einen Stoff in der erforderlichen Größe? Nie um eine kreative Lösung verlegen, bewährte Bruder Stephan sich an diesem Punkt einmal mehr als Meister der Improvisation. Für den flächigen Farbauftrag musste eine Suppenkelle herhalten, zum Schreiben des Psalmtextes wurde eine Plastikflasche mit Tüllen in unterschiedlichen Größen zum Schreibgerät! Gut, dass das Klostergelände in Maria Laach viele große Räume hat, in denen die langen Stücke zum Trocknen ausgelegt werden konnten. Sie dann wieder zu rollen, ins Auto zu packen und nach Erfurt zu transportieren – auch das ein Kraftakt! Und final dann der letzte Akt – die Stoffbahnen wieder ausrollen und auf den Domstufen so drapieren, dass der gestaltete Psalmtext bestmöglich seine Wirkung entfaltet.

Bruder Stephan
Einen „Gänsehautmoment" habe ich im Abschlussgottesdienst in Erfurt erlebt. Für die Positionierung der Psalmrolle hatte ich gemeinsam mit meiner Schwester, die Architektin und gut im Berechnen von Flächen, Größen und Proportionen ist, einen besonderen Plan ausgetüftelt. Wir wussten genau, wo der Altartisch stehen und welche Monstranz dort zur Aussetzung des Allerheiligsten stehen würde. Die Stoffbahnen sollten exakt so ausgelegt werden, dass bei einem Blick von vorn durch die Lunula [Anmerkung: das kleine Fenster zur Aufbewahrung der konsekrierten Hostie] das Wort „Frieden" aus dem titelgebenden Vers zu sehen sein würde. Aber dann regnete es am Morgen des Abschlussgottesdienstes, es wurde kurzfristig ein anderer Altartisch genommen und die Monstranz musste in einen schüt-

zenden Glaskasten gestellt werden ... Und dann stehe ich mit Freunden während des Gottesdienstes auf dem Platz und sehe die Bilder, die die Kameradrohne für die Leinwände einfängt. Als sie Bilder vom Altar zeigt und von der ausgestellten Monstranz, ist mitten durch die Lunula unübersehbar das Wort „Frieden" auf meiner Psalmrolle zu lesen! Das war für mich wie ein Fingerzeig des Himmels ... Hab Vertrauen! Alles wird gut! Es hat mich in diesem Moment zu Tränen gerührt ...

Kunst als Glaubensbekenntnis und als farbgewordene Beschäftigung mit den Botschaften der Bibel: Für Bruder Stephans künstlerisches Wirken ist das längst zu einem Markenzeichen geworden. In der Weihnachtszeit 2024 hat er sich von einem Vers aus dem alttestamentarischen Buch des Propheten Jesaja zu einem großformatigen Bild inspirieren lassen: „Das Volk, das im Finstern lebt, sieht ein großes Licht. Licht strahlt auf über denen, die im Land der Todesschatten wohnen" (Jes 9,1-3): Rundum herrscht Nacht, ein tiefes Schwarzblau, das Unruhe verbreitet, das von Kämpfen erzählt, äußeren wie inneren, und davon, wie schwer es ist zu akzeptieren, dass diese Finsternis da ist. Aber mitten hinein in dieses Dunkel tritt von „oben" ein Licht, ein gewaltiger Lichtkegel, der seine Strahlen über die Finsternis ausbreitet und in einem kraftvollen Gelb und Orange in den Vordergrund drängt: Die Dunkelheit hat nicht das letzte Wort.

Seit vielen Jahren gestaltet Bruder Stephan für die Passionszeit Exponate, die dann im Gastflügel des Klosters ausgestellt sind, dort, wo das Jahr über Schwarz-Weiß-Fotografien von Oswald Ketterberger zu sehen sind. Bruder Stephan und den 2020 verstorbenen Laacher Mitbruder, der sich als Fotograf europaweit einen Namen machte, verband ein herzliches Einvernehmen, von Künstlerseele zu Künstlerseele sozusagen. Für Bruder Oswald brauchte es keine lange Überlegung, als sein Mitbruder ihn fragte, ob er für die Passionszeit die Fotografien des Gastflügels abhängen und durch eigene Arbeiten – zur Passionszeit passend – ersetzen dürfe. Die künstlerische Entwicklung des 55 Jahre jüngeren Mitbruders begleitete er mit Interesse und Anteilnahme und unterstützte ihn gern mit der Möglichkeit einer Präsentation seiner Arbeiten innerhalb des Klosters.

Während der Fastenzeit 2025 schuf Bruder Stephan einen Zyklus von zehn kleinformatigen Bildern, die einzelne Personen bzw. Stationen der Passionsgeschichte aufgreifen, allesamt in gedämpften Farben: Blau, Braunrot, Schwarzgrau, Grün, mit abstrakt erkennbaren Gesichtern oder Gestalten. Es ist seine Interpretation der Leidensgeschichte Jesu und der daran beteiligten Personen. Es ist sein Versuch zu deuten, was in dieser so zentralen neutestamentlichen Darstellung als „Botschaft" an uns enthalten ist. Mit ihm an diesen Bildern entlangzugehen, ihn dazu erzählen zu hören, macht deutlich, weshalb Kunst für den Mönch und Künstler seine Form der Verkündigung darstellt: „Mir ist es wichtig, Menschen in meinen Bildern daran teilhaben zu lassen, wie mein Weg des Glaubens aussieht. Das ist wie eine Predigt in Farbe!"

Terra di Siena

Im Raum der tönernen Kunst

> Mit diesen Worten wollten sie ihn auf die Probe stellen, um einen Grund zu haben, ihn anzuklagen. Jesus aber bückte sich und schrieb mit dem Finger auf die Erde. Joh 8,6

◆ *Eine Farbe, fest verwurzelt in der Erde, in jener Erde, wie sie die Landschaft rund um die italienische Stadt Siena prägt, eine Mischung aus gelben und rotbraunen Pigmenten. Siena war die Heimat der heiligen Katharina. Und mich erinnert diese Farbe an eine Frau gleichen Namens, die ich bewundert habe, weil sie bis zu ihrem allzu frühen Tod so resolut, so unerschütterlich, so bodenständig gelebt und gearbeitet hat. Mit Terra di Siena zu malen, bedeutet für mich, mit dem zu malen, woraus ich bin und worin ich fest verwurzelt bin.* Bruder Stephan

„Asche oder Feuer" betitelte Bruder Stephan 2019 eine Ausstellung mit Keramikarbeiten aus Maria Laach. Asche oder Feuer – das erinnert an den gern und viel zitierten Satz: „Tradition ist nicht die Anbetung der Asche, sondern die Weitergabe des Feuers." Dieses Zitat, vermutlich auf den französischen Sozialisten Jean Jaurès zurückzuführen, aber gern auch Thomas Morus, Benjamin Franklin, Gustav Mahler oder Papst Johannes XXIII. zugeschrieben, ist für Bruder Stephan der zentrale Schlüssel für die Welt der Töpferkunst.

Als er mit dieser in Maria Laach erstmals in Berührung kam, spürte er gleich: Mit Ton zu arbeiten, Objekte aus dem „weißen Gold" (wie der Ton im nahe der Abtei gelegenen Westerwald mit seinen enormen Tonvorkommen gern genannt wird) zu formen, hat eine ganz besondere Faszination. Schließlich reiht sich der

„Und wenn Vater und Mutter dich vergessen, wie könnte ich dich vergessen ...", Skulptur, keramische Aufbauarbeit, Schamottton, unglasiert, 2024

Töpfer des 21. Jahrhunderts mit jedem Objekt, das er formt, in eine jahrtausendealte Geschichte ein – ist doch das Töpferhandwerk eine der ältesten Handwerkskünste der Menschheit. Darüber hinaus verbinden sich bei der Arbeit mit Ton in besonderer Weise handwerkliches Können und künstlerische Ästhetik und damit zwei Bereiche, die für Bruder Stephans Entwicklung gleichermaßen bedeutsam sind. Was ihn jedoch am meisten begeistert, ist die im wahrsten Sinn des Wortes elementare Dimension des Schaffensprozesses, wirken beim Töpfern doch alle vier Elemente – Erde, Wasser, Luft und Feuer – zusammen. Der Ton entstammt der Erde. Er benötigt Wasser, um geschmeidig und formbar zu werden. Das Element Luft ist für den Trocknungsprozess erforderlich und das Feuer – im Brennofen – für das Aushärten. Was für eine Symbolkraft!

Die Begegnung mit der Ton-Kunst fällt in eine Zeit, in der Bruder Stephan bereit ist für neue Herausforderungen. Die ersten Jahre des Einlebens und Einfügens in die klösterliche Gemeinschaft in Maria Laach liegen hinter ihm. In Weihenstephan hat er an der Staatlichen Fachschule für Blumenkunst eine Ausbildung zum „Staatlich geprüften Gestalter für Blumenkunst" absolviert und für seine „herausragenden Leistungen" eine Auszeichnung erhalten. Als er 2014 dann die Leitung der Laacher Keramikwerkstätte übernimmt, ist er sich vom ersten Augenblick an der Dimensionen bewusst, die in dieser Aufgabe stecken. Und er beschließt, sie auf seine ganz eigene Weise – wie immer mit „Haut und Haaren" – anzunehmen. Als Handwerker hat er in seinen früheren Ausbildungen gelernt, worauf es ankommt: eine solide Grundlagenkenntnis, die man sich im Zweifel hart und Schritt für Schritt erarbeiten muss. Nur sie kann die Voraussetzung dafür schaffen, sich selbst später zu entfalten, kreative eigene Wege zu suchen und zu gehen: „Nur dann, wenn ich ohne darüber nachzudenken arbeiten kann, kann ich die Regeln auch gezielt brechen. Dann entsteht in meinen Augen erst Kunst", sagt er.

Also muss er sich mit den Grundlagen, mit der Tradition des Töpferns auseinandersetzen, ehe er eigene Pläne für die Zukunft entwickeln kann. Das, so stellt sich heraus, ist ein weiter, zuweilen mühsamer Weg: Wie „funktioniert" der Werkstoff Ton? Welche Unterschiede gibt es? Welche Bedeutung haben Farben und Glasuren? Wie läuft die Arbeit an der Töpferscheibe? Welche Gießverfahren haben sich bewährt? Und wie lange und unter welchen Temperaturen können optimale Brennergebnisse erzielt werden? Von einem kreativen Freigeist wie Bruder Stephan verlangt die fortgesetzte Übung, das Wiederholen immer gleicher Handgriffe, eine erhebliche Disziplin. Rückschläge gehören dazu: Wenn die Arbeit an der Töpferscheibe immer und immer wieder „aus der Form" gerät; wenn ein Werkstück im Brennofen platzt; wenn die Glasur nicht das gewünschte Farbergebnis bringt. Aber zum Durchhalten gibt es keine Alternative. Und der hohe ästhetische Anspruch, den Bruder Stephan an sich selbst und andere stellt, duldet keine Halbheiten. Also muss so lange geübt, so lange verbessert und verfeinert werden, bis das Ergebnis „stimmt".

Asche oder Feuer: Es ist eine für Bruder Stephan existenzielle Erfahrung. Lernen, um zu verstehen. Erfahrungen sammeln, um darin das Feuer der Tradition zu finden. Nur wenn er sich die Kräfte erschließt, die in der Vergangenheit gewirkt haben, nur wenn er deren „Feuer" begreift, kann er es zu seinem eigenen machen und in diesem Zusammenspiel von Vergangenem und Eigenem den Blick in die Zukunft richten.

Am Ende aber ist klar: All die vielen Stunden, all die Tage und Nächte, die er in der Keramikwerkstatt verbracht hat, haben sich gelohnt. Der Weg durch die Mühen der Ebene hat ihm genau den Freiraum eröffnet, in den er fortan seine eigenen Ideen und Vorstellungen einfließen lassen kann.

Jetzt kann er den nächsten Schritt tun. Und dafür hat er in seinem Kopf schon eine klare Vision: Die Zukunft der Laacher Keramik, so stellt er sich vor, muss sich definieren aus dem Verzicht auf alles (allzu) Gefällige. Ästhetik – pur und konsequent – muss der Gradmesser aller Arbeiten sein. Funktion ja – schließlich handelt es sich um Dinge des (täglichen) Gebrauchs. Aber über allem steht das Gebot einer ästhetisch-künstlerischen Authentizität, aus der sich die Echtheit und Unverwechselbarkeit der Objekte herleiten.

Was für ein weites Feld: Vasen und Schalen, Teller und Tassen, Krüge und Kannen entstehen aus seinen Händen, allesamt Dinge, die einen konkreten Bezug haben zum Leben und Alltag der Menschen und zudem einen praktischen Nutzen. Das schließt ja nicht aus, dass sie im Idealfall diesen Alltag zugleich auch verschönern können. Wenn das gelingt, umso besser! Dann ist es jede Anstrengung wert, befindet Bruder Stephan. Denn für ihn, den leidenschaftlichen Ästheten, braucht es das Schöne nicht nur im zweckfreien Sinn der Kunst, sondern, heruntergebrochen, auch als kleine Schönheit in dem, was Menschen in ihrem Alltag umgibt. „Schöne Räume" sind für ihn eine Notwendigkeit, schöne Räume, verstanden als Orte, die das hässliche Gesicht dieser Welt – zumindest für eine Weile – ausklammern. Ein „schöner Raum" – das kann die ausgefeilte Ästhetik einer Tasse sein, die besondere Haptik eines Bechers oder die perfekte Proportion einer Vase: Sie auf einem Tisch stehen zu sehen oder in der Hand halten zu dürfen – das schafft für einen Augenblick eine „Insel der Glückseligen", wie Bruder Stephan das gern nennt, und setzt einen Kontrapunkt gegen die Widerwärtigkeiten der Welt.

Es ist sicher kein Zufall, dass Bruder Stephan bei diesem Prozess der Neuausrichtung der Laacher Keramikwerkstatt einem „Bruder im Geist“ begegnet, einem Mann, der in Maria Laach als Mönch und Künstler für das Keramikschaffen wie überhaupt für die künstlerische und handwerkliche Ausrichtung Maßstäbe gesetzt und eine unmittelbare Brücke vom Eifeler Kloster zur großen „Bauhaustradition“ im fernen Weimar geschlagen hat: Theodor Bogler. Mehr als vier Jahrzehnte verbrachte er in der Eifel-Benediktinergemeinschaft und setzte Akzente, die für Jahrzehnte wegweisend für die Entwicklung des Klosters waren. Als Theodor Bogler 1927 der Laacher Ordensgemeinschaft beitrat, brachte er bereits einen reichen Erfahrungsschatz mit: eine Lehre im Töpferhandwerk, ein Studium am Bauhaus in Weimar mit Johannes Itten und Lyonel Feininger als Lehrern, Leitungsverantwortung in zwei keramischen Werkstätten. All das sollte er in der Folge bis in die 1960er-Jahre in die Entwicklung der „ars liturgica“ in Maria Laach einbringen.

Theodor Bogler

Theodor Bogler kam am 10. April 1897 in Hofgeismar zur Welt. Nach seinem Dienst als Offizier im Ersten Weltkrieg studierte er von 1919 bis 1920 am Staatlichen Bauhaus in Weimar, absolvierte den Vorkurs bei Johannes Itten und besuchte den Unterricht bei Lyonel Feininger. Das Sommersemester 1920 führte ihn nach München, wo er Architektur- und Kunstgeschichte studierte. Anschließend besuchte er bis 1924 die Keramische Werkstatt am Bauhaus in Dornburg nahe Weimar. Unter Gerhard Marcks und Max Krehan erlernte Bogler dort das Töpferhandwerk und absolvierte seine Gesellenprüfung. 1922 heiratete er die Witwe eines Hauptmannes, die zwei Kinder mit in die Ehe brachte.

1923 entwarf er auf Betreiben von Walter Gropius keramische Küchengefäße als Prototypen für das „Haus am Horn". 1924 wurde Theodor Bogler kaufmännischer Leiter der Töpferwerkstatt in Dornburg; ab 1925 leitete er die Modell- und Formwerkstatt der Steingutfabriken Velten-Vordamm, Werk Velten bei Berlin. Seine Frau erkrankte schwer und starb bereits 1925. Die beiden Kinder wuchsen danach bei den Großeltern auf.

Seine menschlichen Erfahrungen führten Theodor Bogler zur Konversion in die katholische Kirche und 1927 auf den Rat Romano Guardinis in die Benediktinerabtei Maria Laach. 1929 überarbeitete Bogler keramische Veltener Entwürfe mit liturgischen Motiven, die in der Abtei Verwendung fanden. 1933 hatte er seine Studien in Maria Laach und Beuron abgeschlossen und entwickelte seine reichen Talente auf vielfältigen Gebieten. Er schrieb in theologischen und kunsthandwerklichen Zeitschriften. In dem Buch „Soldat und Mönch", das 1937 erschien, stellte er seinen Lebensweg dar und schrieb danach weitere autobiografische Bücher. Während des Zweiten Weltkrieges stand er dem Abt Ildefons Herwegen als Prior der Abtei zur Seite.

Nach dem Zweiten Weltkrieg diente er den Benediktinerinnen von Herstelle als Spiritual und baute ab 1951 den Kunstverlag ars liturgica in Maria Laach neu auf.

Er belebte die alten Laacher Geschäftsverbindungen zur Majolika-Manufaktur Karlsruhe. Im nahe gelegenen Höhr-Grenzhausen fand er qualitätvolle keramische Handwerksbetriebe. Mit seinen Entwürfen knüpfte er an die jeweiligen individuellen Fertigungstechniken der Werkstätten an, die ab 1951 für die ars liturgica produzierten.

Darüber hinaus entwarf Pater Theodor sakrale liturgische Geräte und Paramente. Er leitete die Restauration der Abteikirche. Später wurde er zum Berater der Liturgischen Kommission der

Deutschen Bischofskonferenz ernannt und war Mitbegründer des Liturgischen Instituts in Trier. Er verstarb nach einem reich gefüllten Leben am 13. Juni 1968 in einem Andernacher Krankenhaus (vgl.: https://maria-laach.de/kuenstlerbrueder).

Das Bauhaus
Das „Staatliche Bauhaus" wurde 1919 von Walter Gropius in Weimar gegründet. Es handelte sich dabei um eine Art Kunstschule, die eine Zusammenführung von Kunst und Handwerk anstrebte. Im Bauhaus wurden die traditionell getrennten Bereiche der bildenden Kunst, der angewandten Kunst und der darstellenden Kunst miteinander verbunden. Ursprüngliche Intention dabei war, das Kunsthandwerk neu zu beleben und die Kunst von der Industrialisierung zu emanzipieren. Für Walter Gropius verband sich damit die Vorstellung einer neuen „Arbeitsgemeinschaft", in der die Differenzierung von Kunst und Handwerk, von Künstlern und Handwerkern aufgehoben war.

Insgesamt bestand das Bauhaus nur 14 Jahre: als „Staatliches Bauhaus" in Weimar (1919–1925), als „Hochschule für Gestaltung in Dessau (1925–1932) und als private Lehranstalt in Berlin (1932–1933).

Hier wirkten bedeutende Lehrer wie u. a. Walter Gropius, Ludwig Mies van der Rohe, Paul Klee, Wassily Kandinsky, Lyonel Feininger oder Oskar Schlemmer.

Das Bauhaus gilt heute weltweit als Herz der Klassischen Moderne in Architektur, Kunst und Design. Die Ideen und das Grundverständnis des Bauhauses wirken bis heute nach und prägen zeitgenössische Kunst- und Designentwicklungen.

Es gibt vieles, was Bruder Stephan an Theodor Bogler bewundert – und vieles, was die beiden verbindet: der hohe ästhetische Anspruch, die Radikalität der künstlerischen Positionen, das konsequente Handeln – in der Kunst wie im Leben. Wie Theodor Bogler hat auch Bruder Stephan auf Umwegen in die benediktinische Gemeinschaft gefunden. Und wie Pater Theodor ringt er immer wieder um die Vereinbarkeit von Glaubensleben in der Gemeinschaft und individuellem Künstlertum. Gespräche mit Menschen, die Pater Theodor noch kennengelernt und mit ihm in den verschiedenen Werkstätten in Laach zusammengearbeitet haben, fügen sich für Bruder Stephan zu einem Bild von der Persönlichkeit des ambitionierten Ordensmannes zusammen.

Bewundernswert, sagt Bruder Stephan, sei die offensichtliche Begeisterungsfähigkeit gewesen, mit der der Künstler Bogler andere Menschen für seine Art zu arbeiten und zu denken einnehmen konnte. Sein Wissen weiterzugeben, junge Menschen auszubilden im Sinne einer ganzheitlich-menschlichen Bildung – all das sei ihm ein großes Anliegen gewesen. In den Laacher Archiven kann Bruder Stephan die Begegnung mit Boglers Gedanken- und Schaffenswelt vertiefen. Zahlreiche Publikationen und Aufzeichnungen, eine umfangreiche Korrespondenz, Hunderte Zeichnungen und Skizzen, zudem Objekte aus den unterschiedlichen Schaffensphasen legen hier Zeugnis ab für den reichen Schatz, den der Künstler und Mönch Theodor Bogler der Nachwelt hinterlassen hat. Für Bruder Stephan ist schnell klar, dass hier der Schlüssel liegt für den Weg, den er für die Keramikwerkstatt in Maria Laach vorgezeichnet sieht, für den hohen ästhetischen Anspruch, für die Verbindung von Kunst und Funktionalität, für klassisch an der Scheibe gearbeitete ebenso wie für im Gießverfahren produzierte Objekte, wie Bogler sie einst auch in Laach etabliert hat. Gebrauchsobjekte, materialintensiv und daher robust, von einer langlebigen, geradezu zeitlosen Schönheit – so soll sich das von Bruder Stephan konzipierte Klostergeschirr in zeitgemäße Konzepte von Nachhaltigkeit und Wertigkeit einfügen. Dass manches in der Persönlichkeit Boglers dem „Freigeist" Bruder Stephan eher fremd bleibt – insbesondere die geradezu soldatisch-militärische Disziplin und die konservative weltanschauliche Grundhaltung –, ändert nichts an dem bewundernden Einverständnis, mit dem er Boglers Töpferkunst begegnet.

Bruder Stephan, Pater Theodor und das Bauhaus

Wer Bruder Stephan in seinem Atelier und die Räume im oberen Stock besucht, findet dort neben vielen künstlerischen Arbeiten auch einen deckenhohen Regalschrank, angefüllt mit größeren und kleineren Gefäßen, Krügen und Kannen, Dosen mit und ohne Deckel, einer Teekanne. Sie alle tragen unverkennbar dieselbe künstlerische Handschrift.

Sie alle sind aus dem gleichen Ton gefertigt, der aus der dem Kloster am nächsten gelegenen „weißen" Tongrube im Rheintal stammt, alle mit der gleichen matt-cremefarbenen Glasur versehen, alle bei 1260 Grad gebrannt. Es sind Objekte, die sich durch eine eindrucksvolle schnörkellose Sachlichkeit auszeichnen und durch den unübersehbaren Bezug zu geometrischen Urformen wie Kegel, Zylinder oder Konus. Einige der Gefäße sind beschriftet – Mehl, Zimmet, Ingwer oder Essig – und offenbaren damit die Vorratsfunktion der Behältnisse. Spätestens die in Schwarz auf den hellen Grund aufgebrachte Schrift macht deutlich, dass der Ursprung dieser Gefäße nicht in einem zeitgenössischen Designstudio liegt, sondern zurückreicht in eine Zeit, in der sich die Moderne gerade erst auf den Weg machte. Denn es handelt sich dabei um die Originalschrift aus der Bogler'schen Bauhausära, die inzwischen auch in ein digital verfügbares Alphabet übertragen wurde. Jedes einzelne Gefäß, in einem speziellen Gießverfahren produziert, hat Bruder Stephan an der Drehscheibe bis zum finalen Feinschliff für Kanten und Nähte begleitet. In jedem dieser Gefäße erweist er dem „Erfinder" dieser ebenso klassischen wie zeitlosen Stücke seine Reverenz und verbeugt sich vor dem Mut zur Reduktion, den der Bauhauskeramiker Theodor Bogler 1923 mit der Konzeption einer Küchenausstattung für das berühmte Weimarer Musterhaus „Am Horn" bewies.

Was in den 1920er-Jahren Teil der Bauhausvision für die Zukunft des Wohnens war und den Anforderungen an eine kostengünstige und nutzungsorientierte Bauweise genügen musste, erhält unter den gewandelten Vorzeichen „modernen" Wohnens im 21. Jahrhundert eine ganz neue Dimension: In einer Zeit, in der Nachhaltigkeit zu einer immer dringlicheren Forderung wird, in der etwa ein wertschätzender Umgang mit Lebensmitteln und die Reduktion von (Plastik-)Müll wachsende Bedeutung haben, bieten die Bogler'schen Vorratsgefäße eine praktikable, zudem formschöne und optisch anspruchsvolle Alternative. Pater Theodor hat die Gefäße aus dieser frühen Bauhausschaffensphase in Maria Laach weiterentwickelt, hat sie mit christlichen Symbolen versehen, etwa einem Fisch oder den griechischen Buchstaben Alpha und Omega, und so dem klösterlichen Umfeld angepasst. Bruder Stephan wiederum kehrt zu den schmucklosen Anfängen, zur Urgestaltung der Vorratsgefäße zurück und verleiht ihnen vor dem Hintergrund heutigen Zeitgeistes eine neue Aktualität.

2018, im Jahr von Theodor Boglers 50. Todestag, hat Bruder Stephan dem Laacher Künstler eine große Ausstellung gewidmet. „Vom Bauhaus nach Maria Laach" ermöglichte den Besucherinnen und Besuchern anhand von Hunderten, zumeist noch nie in einer Ausstellung gezeigten Exponaten, Zeichnungen, Entwürfen, Dokumenten und Originalkeramiken, den biografischen wie künstlerischen Stationen Theodor Boglers zu folgen und sich einen Eindruck von der vielseitigen Schaffenskraft dieses Menschen zu machen, dessen Persönlichkeit von den frühen Bauhauserfahrungen und den persönlichen Schicksalsschlägen ebenso geprägt wurde wie von der christlichen Glaubenslehre und der benediktinischen Gedankenwelt.

Spätestens nach dieser Ausstellung war klar: Bruder Stephans Konzept ist aufgegangen. Die Laacher Vorratsgefäße in der Bogler-Bauhaustradition, die Trinkbecher in der Unterschiedlichkeit ihrer farbenfrohen Glasuren, auch ganze Tee- oder Kaffeegeschirre erfreuen sich bei den Besucherinnen und Besuchern von Maria Laach großer Beliebtheit. Auch in diversen deutschen Museen und in hochwertigen Spezialgeschäften bzw. bei -versandhändlern sind sie erhältlich. Ein Erfolg, über den Bruder Stephan sich riesig freut und den er als Bestätigung für den eingeschlagenen Weg deutet. Ein Grund, sich auf diesen Lorbeeren auszuruhen, ist das für ihn allerdings nicht. Denn längst hat sich in seinem Kopf schon eine neue Idee festgesetzt – und in der Keramikwerkstatt nimmt sie konkrete Gestalt an …

„Aus der Erde sind wir genommen, zur Erde sollen wir wieder werden …"

Der Umgang mit Sterben und Tod in unserer Gesellschaft ist für Bruder Stephan ein Herzensthema. Dass unsere zeitgenössische Kultur den Tod tabuisiert, dass sie ihn verdrängt und auf dem Altar ungebremsten Konsums am liebsten opfern würde, bedeutet für ihn eine dramatische Fehlentwicklung. In der Begleitung von Trauernden und durch die Arbeit als Bestatter hat er immer wieder erlebt, wie wenig Menschen auf den Tod vorbereitet und wie überfordert sie mit ihrer Trauer sind. Dabei könnte es nicht nur für das Sterben, sondern vor allem auch für das Leben eine große Erleichterung, ja, eine Bereicherung sein, sich die menschliche Existenz in ihrer Eingebundenheit in ein größeres Ganzes vorzustellen, das – für einen Christen – den Tod miteinschließt und zugleich weit über ihn hinausreicht.

Solch existenzielle Fragen verbinden sich für den Ordensmann und Künstler auf geradezu perfekte Art und Weise mit einem Werkstoff, der ja gerade dadurch besticht, dass er so „elementar" ist. Was lag da näher, als sich in der Keramikwerkstatt und an der Töpferscheibe auch mit jenen Objekten zu beschäftigen, die in unmittelbarem Kontext von Sterben und Tod stehen: den Urnen, in denen die Asche eines Verstorbenen ihre „Heimat" findet.

In einer Zeit, in der Bestatter eine Trendwende feststellen – weg von Erd- und hin zu Feuerbestattungen –, erhalten Urnen eine zunehmend wichtige Bedeutung. Dabei, so sieht es Bruder Stephan, steht der Symbolik eines Holzsarges, in dem der verstorbene Mensch der Natur, der Erde, zurückgegeben wird, die Symbolkraft einer Urne nicht nach. Aus Ton gefertigt – und damit der Erde entnommen –, vollendet sie den Kreislauf, wenn in ihr die sterblichen Überreste eines Menschen wieder der Erde anvertraut werden. Urnen so zu gestalten, dass sie für die Hinterbliebenen Trost und Glauben transportieren: Das definiert den Anspruch des Ordensmannes. Aber auch hier gilt für ihn das Prinzip einer Ästhetik, die sich allem Schnörkelhaften entzieht, die „pur" und elementar ist in ihrer Grundform. Die Fortführung der Bogler'schen Bauhaustradition ist dabei unübersehbar. Die zeitlose Schönheit der Laacher Urnen widersetzt sich jeder allzu modischen Gestaltungsweise und richtet den Fokus auf das Wesentliche, auf den Kern und die Botschaft dieses so besonderen Gefäßes.

Wenn Bruder Stephan die Möglichkeit hat, mit den Hinterbliebenen ins Gespräch zu kommen, ihre Trauer zu erspüren und ihren Umgang mit dem Verlust, entstehen nicht selten besondere Ideen für die Ausgestaltung einer Urne. In der emotionalen Betroffenheit über den Verlust eines nahestehenden Menschen ist bei vielen Angehörigen oder Freunden das Bedürfnis groß, so die Erfahrung von Bruder Stephan, über den Verstorbenen und über die existenzielle Erfahrung des „Nie mehr" ins Gespräch zu kommen mit einem Menschen, der dafür ein offenes Ohr hat und zuhören mag. In diesen Gesprächen wird schnell spürbar, was die Hinterbliebenen mit dem Verstorbenen verbindet und worin sich die Besonderheit der Beziehung bekundet. Daraus entwickelt sich dann nicht selten die Idee einer ganz individuellen Urnengestaltung. Für die Umsetzung solch besonderer Gestaltungswünsche holt Bruder Stephan dann gern die Kolleginnen aus dem Laacher Keramikteam zu Hilfe. Die Keramikmeisterinnen Gabi Schönenberger und Monika Weber und die in Meißen ausgebildete Porzellanmalerin Andrea Lange tragen Sorge dafür, dass etwa die Zeichnung der vom Verstorbenen geliebten Blüten oder die Applikation eines kleinen Engelflügels (dessen Gegenstück künftig als Schmuckobjekt an einer Kette hängen wird) die Urne zur unverwechselbaren letzten Heimat für die Asche des Toten werden lassen. Für die Trauernden ist es ein wohltuender und tröstlicher Gedanke, dass das Gefäß zur Aufbewahrung der Asche ebenso individuell und unverwechselbar ist, wie der geliebte Mensch es zu Lebzeiten war.

Asche oder Feuer

Die Laacher Urnen versinnbildlichen für Bruder Stephan geradezu idealtypisch den Umgang mit dem Bauhauserbe Theodor Boglers. „Asche oder Feuer", darum geht es, um den kreativen Funken, der dieses Erbe aufgreift und zeitgemäß weiterentwikkelt – ebenso wie in den formschönen Urnen.

„Asche oder Feuer" nennt er denn auch 2019 eine Ausstellung in Maria Laach, die an die vorausgehende Theodor-Bogler-Ausstellung unmittelbar anknüpft, aber jetzt auf die Nachfahren und Nachfolger schaut. Kerngedanke der Ausstellung war, aufzuzeigen, wie die Formensprache des Bauhauses von nachfolgenden Künstlergenerationen aufgegriffen und weiterentwikkelt wurde, wie gleichsam über die Generationen hinweg ein Dialog entstand, der im Wesentlichen dem einen Ziel diente: nicht die Asche der großen Kunstepoche zu pflegen, sondern deren Feuer neu zu beleben.

Neben Arbeiten aus Maria Laach wurden dabei Keramiken aus den Werkstätten von Christiane Bernstiel, Lutz und Ulrike Köneke sowie Maria Hokema gezeigt. Während die Laacher Manufaktur den gestalterischen Dialog mit dem Erbe Theodor Boglers in den Vordergrund rückt, thematisiert sich im Werk der anderen beteiligten Künstlerinnen und Künstler die Beschäftigung mit einem weiteren Bauhauskeramiker: Otto Lindig. Das aus Sicht von Bruder Stephan Reizvolle daran: Theodor Bogler und Otto Lindig verband zu Lebzeiten eine besondere – familiäre – Beziehung. Denn sie waren über ihre jeweiligen Ehefrauen verschwägert. Und: Christiane Bernstiel ist die Tochter von Otto Lindig, Maria Hokema und Ulrike Könecke sind Enkelinnen von Otto Lindig, Lutz Könecke schließlich ist Ulrikes Sohn: „Diese außergewöhnliche familiäre Konstellation hat dem ‚Asche oder

Feuer'-Gedanken noch einmal einen besonderen Akzent gegeben", sagt Bruder Stephan. In der Zusammenschau der sehr unterschiedlichen Herangehensweisen gelang für ihn in der Ausstellung eine eindrucksvolle Demonstration dessen, was möglich ist, wenn die Liebe zu einem so besonderen Werkstoff und das Zwiegespräch mit einer großen Tradition zusammenfinden: In einem breiten Spektrum konnten Besucherinnen und Besucher erleben, was möglich ist – und wie es sich darstellt, wenn der Bauhausgedanke von zeitgenössischen Künstlerinnen und Künstlern ins Hier und Jetzt transportiert und ihm so ein neues, zeitgemäßes Gesicht verliehen wird.

Einhüllen – Verhüllen: Stoff-Raum-Ästhetik

" Es war aber Nacht. Joh 13,30

◆ *Licht- und Schattenseiten in sich selbst entdecken. Einen Blick hinter die Verkleidungen des Alltags werfen. Finsternis, die auch ein Teil von mir ist. Schmerzhafte Momente, wenn die Seiten in mir zutage treten, die ich selbst an mir nicht mag. Dem eigenen nackten Selbst ehrlich gegenübertreten müssen. All das liegt in diesem Farbton.* *Bruder Stephan*

Was Kleidung mit einem Menschen macht, erlebt Bruder Stephan hautnah, wenn er im schwarzen Habit der Benediktiner unterwegs ist. Aller Augen sind dann auf ihn gerichtet, für einen Augenblick vielleicht nur, aber in diesem einen Moment liegt so viel: Verwunderung, Staunen, Respekt, Irritation, häufig auch ein ganz großes Fragezeichen. Ist das Kleidung? Oder Ver-Kleidung? Ein modisches Statement? Oder ein klassisches Erkennungsmerkmal?

Bruder Stephan gefällt dieser wortlose Dialog, in den er über sein äußeres Erscheinungsbild mit den Menschen tritt. Was Kleidung mit einem Menschen macht, ist ein Thema, das ihn seit jungen Jahren beschäftigt. Und wenn er darüber nachdenkt, vermutet er im Beruf der Mutter den Ursprung dieser Faszination. Mutter Oppermann hat als Schneiderin gearbeitet. Die Liebe zu edlen Stoffen und vor allem den Blick für das Ein- und Verhüllende von Kleidungsstücken hat sie dem Sohn wohl in die Wiege gelegt. Was es mit der Selbstwahrnehmung tut, wenn man in die Kleider eines anderen schlüpft, das hat der junge Stephan schon immer im Karneval erprobt, den er vielleicht deshalb so besonders liebt. Was verändert sich, wenn man die Alltags-

„Der Vorhang im Tempel riss mitten entzwei ...",
Fastentuch, Acryl auf Stoff, St. Marien, MG-Rheydt, 2023

kleidung gegen ein Clownskostüm tauscht? Wenn aus einem rheinischen Stephan ein amerikanischer Cowboy wird? Wenn ein junger Mann in Frauenkleider – oder umgekehrt eine junge Frau in Männerkleider – schlüpft? Die Farbblindheit verhindert das Spiel mit Farben und Farbkombinationen. Umso mehr tritt das Haptische eines Stoffes in den Vordergrund, die perfekte Struktur eines englischen Tweedstoffes, die feine Musterung eines Seidenjacquards, die Weichheit gewalkter Wolle. Mit dem von der Schneiderin-Mutter geschulten Blick erkennt er, wenn Kleidungsstücke handwerklich gediegen und maßgefertigt dem Träger oder der Trägerin auf den Leib geschnitten sind und einen Körper perfekt modellieren. „Im Wort ‚Habit' steckt das lateinische ‚habitus'", sagt er. „Habitus – das meint auch Haltung und Gestalt." Und das, so seine Erkenntnis, gilt für den Ordensmann und die Ordensfrau, aber es gilt gleichermaßen für jeden Menschen, der sich bewusst für einen bestimmten Kleidungsstil entscheidet und damit nicht nur ein modisches oder weniger modisches Statement abliefert, sondern auch viel über die eigene Person und Persönlichkeit verrät.

„Euer Schmuck soll nicht äußerlich sein – mit Haarflechten, goldenen Ketten oder prächtigen Kleidern –, sondern der verborgene Mensch des Herzens, unvergänglich, mit sanftem und stillem Geist: Das ist köstlich vor Gott", so zitiert Bruder Stephan aus dem Petrusbrief, um dann deutlich zu machen, dass er Kleidung weniger unter dem Aspekt des stolzen Schmückens, der modischen Attitüde oder des eitlen Repräsentationsgehabes sieht. „Wenn mir ein Mensch gegenübertritt, ist der erste Eindruck auch geprägt von dem, was er trägt", sagt er. Für ihn ist das eine Art Spiel, eine Inszenierung, die mit Elementen des Enthüllens ebenso arbeitet wie mit solchen des Verhüllens, ganz konkret, aber durchaus auch im übertragenen Sinn. Die Sprache der Kleidung zu interpretieren, sie in Bezug zu setzen zum jeweiligen Menschen, zu seiner Persönlichkeit, seinem Wesen – das macht für ihn die Beschäftigung mit textilen Themen so spannend.

Mit Stoffen zu arbeiten, ganz praktisch, aber auch künstlerisch, das zieht sich wie ein roter Faden durch seine bisherigen Lebensstationen. Immer wieder hat er zu Nadel und Faden gegriffen und selbst gefertigt, was er tragen wollte, aber nirgendwo so, wie es seiner Vorstellung entsprach, kaufen konnte. Als Absolvent der Fachschule für Blumenkunst in Weihenstephan trug er eine selbst genähte Weste – durch das leuchtende Sonnenblumengelb des Vorderteils ein absoluter Hingucker. Ein hochwertiger, aber schon betagter Walkjanker, gleichsam das Erbe eines verstorbenen Mitbruders, wies diverse schadhafte Stellen im Stoff auf, war aber, nach Ansicht Bruder Stephans, viel zu wertvoll, um nicht mehr genutzt zu werden. Dort präsentieren sich jetzt prächtig blühende Margeriten, von Bruder Stephan Blüte für Blüte in Weiß und Gelb appliziert und so malerisch über die Jacke verteilt, als hätte ein hochdekorierter Designer das Muster dafür entworfen.

Zu solchem „Alpenlook" hat er einen besonderen Bezug, seit er in jungen Jahren in Oberwesel und später in Bacharach einer Trachtentanzgruppe beigetreten ist. Die Musik, die Geselligkeit, die rhythmische gemeinsame Bewegung im Polka- oder Walzertakt – all das kann ihn auch heute noch begeistern. Und auch hier die Erfahrung: In das so andere – traditionsreiche – Outfit zu schlüpfen, tut etwas mit dem eigenen Selbst, erdet die unruhige Seele, gibt ein wohltuendes Gefühl von Bodenständigkeit, Erdverbundenheit, Eingebundensein.

Die Liebe zu und das Arbeiten mit schönen Stoffen hat Bruder Stephan mit ins Kloster genommen. In seinem Atelier stehen Skulpturen, die mit feinster schwarzer Gaze verhüllt sind. Ein Stück ganz schlichte naturfarbene Seide hat er mit einem „Gesteck“ aus Nadeln in ein Kunstobjekt verwandelt. Das war sein Beitrag zu einer Ausstellung mit dem Titel „Westwärts“. In Erinnerung an den „Westwall“ in der Eifel während des Zweiten Weltkriegs fertigte er eine „Panzersperre“ aus stählernen Stecknadeln!

Gleich in Serie und mit einem eigenen „Label“ hat er ebenso modische wie außergewöhnliche Kappen produziert. Die Idee kam ihm, als er, selbst ein großer Fan von Kopfputz jeder Art, darüber nachdachte, welche textilen Objekte den jährlichen Klostermarkt und den adventlichen Markt in Maria Laach mit ihren gediegenen Stücken aus den verschiedenen Werkstätten ergänzen könnten. Kurz entschlossen bat er die Benediktinerinnen aus der niederrheinischen Abtei Mariendonk um Unterstützung: Von den hochwertigen, schweren Seiden, die in der Abtei für Priestergewänder und Fahnen nach alter Tradition auf Handwebstühlen produziert werden, erhielt er Reststücke oder Stücke, die mit ihren Farbverläufen für die Weiterverarbeitung nicht zu gebrauchen waren. Dank dieser opulenten Seidenqualität und der außergewöhnlichen Farben – von schreiend Märtyrerrot bis Knallviolett – erhielt jede der Kappen ihr individuelles, unverwechselbares Aussehen. Und für die, die es lieber ein bisschen wohliger und dezenter mögen, fertigte er gleich noch eine zweite Kollektion aus festem, warmen Wollfilz. So manche Stunde und so manche Nacht hat er bei der Herstellung der Kappen an der Nähmaschine verbracht – eine gute „Vorübung“ für ein Mammut-Nähprojekt, das er sich 2024 für eine große Kunstaktion auf dem Koblenzer Hauptfriedhof im wahrsten Sinn des Wortes „auf die Fahnen“ schrieb: Ein Dutzend Stoffbahnen sollten, so sein Konzept, die Platanenallee zur Friedhofshalle säumen, links Lila, rechts Rot, beschriftet mit Begriffen wie „Hass", „Wut", „Liebe" oder "Dankbarkeit". Jede dieser ein Dutzend Stoffbahnen hat vom Fußweg bis hoch zur Hängung in den Wipfeln der Bäume eine Länge von 16 Metern. Jede dieser Stoffbahnen musste einmal rundum eingefasst werden – wahrhaftig eine Mammutaufgabe, die enorm viel Geduld erforderte –, aber im Ergebnis als ebenso außergewöhnliche wie denkwürdige Kunstinstallation auf dem Koblenzer Friedhof alle Mühe wert war.

Und dann ist da noch die kleine feine Silberschmuck-Kollektion, die man in seinem Atelier bestaunen kann. Ob Kette und Anhänger, Brosche oder Ring: Sie alle sind „aus einem Guss", verraten dieselbe künstlerische Handschrift und ein ästhetisches Gestaltungsprinzip, das fernab von allen modischen Trends Sterlingsilber nicht fein ziseliert, sondern mit ausgeprägten Strukturen „in Szene" setzt. Ein guter Freund in der Schmuckstadt Idar-Oberstein hat ihn in die Geheimnisse des „Silberschmiedens" eingewiesen. Mit ihm kooperiert er gern und regelmäßig, auch für „Sonderbestellungen" wie die eines in der Nähe von Bonn beheimateten Schauspielers, der von den Ringen so begeistert war, dass er spontan die eigenen Eheringe für seine künftige Frau und sich selbst in Auftrag gab. Die Urformen der Ringe wurden von Bruder Stephan als Wachsmodelle gefertigt, diese wurden dann von Maria Laach nach Idar-Oberstein gebracht und dort anschließend im sogenannten Silberguss-Verfahren vollendet.

Bruder Stephan macht es glücklich zu sehen, wie sein Schmuck anderen Menschen – Frauen wie Männern – zur Zierde wird. Er selbst übt sich in christlicher Bescheidenheit – trägt Ordensgewand bei allen „offiziellen" Anlässen – und T-Shirt oder Sweatshirt samt praktischer Arbeitshose, wenn er an der Leinwand steht oder mit Meißel und Säge an einer Skulptur arbeitet. Eine Brosche und ein Paar Manschettenknöpfe, die Urmodelle seiner Kollektion, trägt er zu besonderen Anlässen, ebenso den Ring, den er von seinem Freund in Idar-Oberstein geschenkt bekommen hat: „Man muss ja die eigenen Produkte gut bewerben", sagt er augenzwinkernd, „dann verkaufen sie sich entschieden besser."

„Sehnsucht", Drahtobjekt,
Trauerhalle Hauptfriedhof Koblenz, 2024

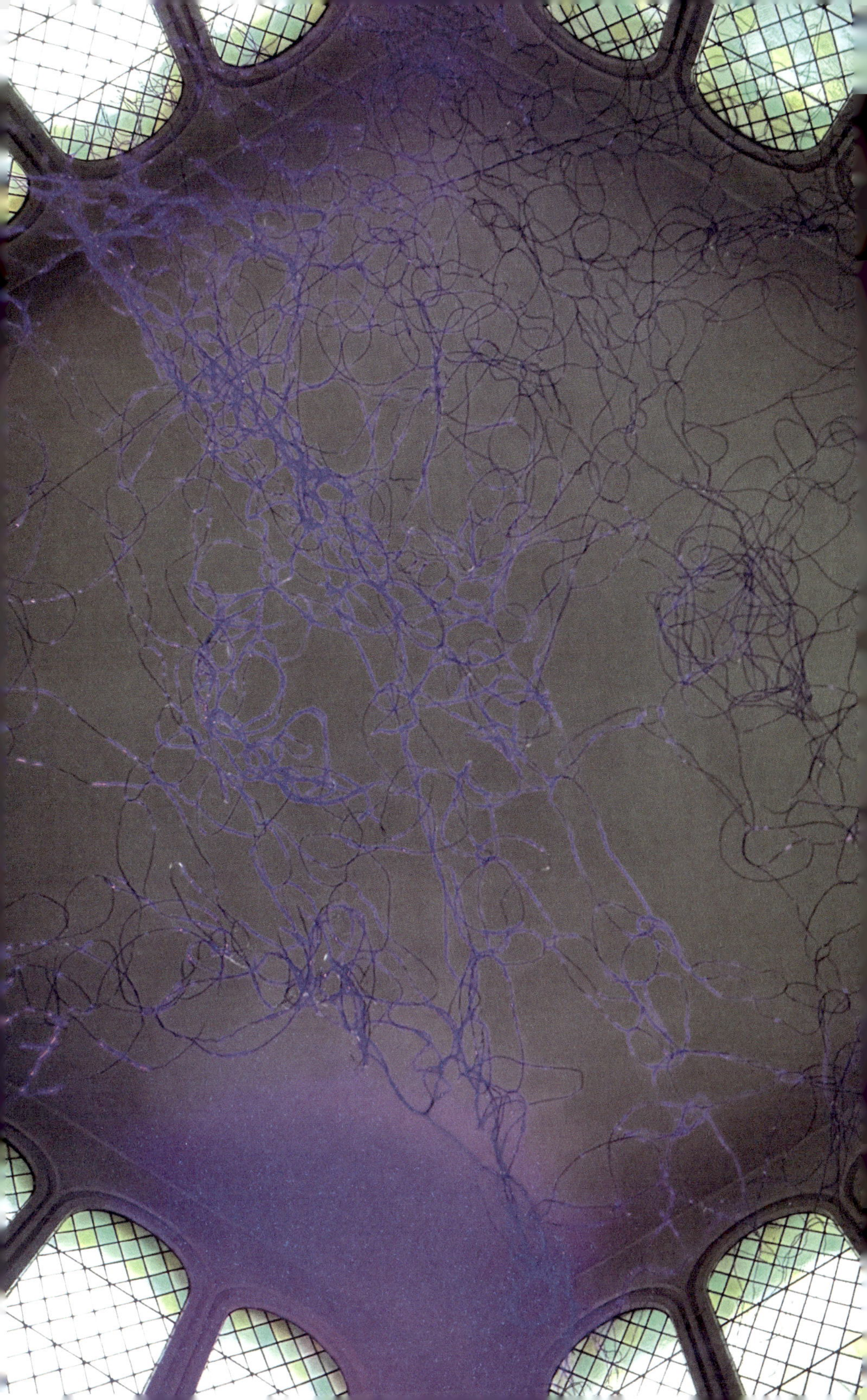

Der Trauer einen Raum geben

„Sie haben ihre Gewänder gewaschen und im Blut des Lammes weiß gemacht. Off 7,14

◆ *Titanweiß ist eine ungnädige Farbe. Jede andere Farbe, die einmal mit Titanweiß in Berührung gekommen ist, verliert ihre ungetrübte Strahlkraft und ist fortan gedämpft, verhalten, abgründig. Wer einmal dem Tod aus nächster Nähe ins Auge gesehen hat, ist wie mit Titanweiß berührt: Er lebt fortan anders.* Bruder Stephan

„Bitte noch nicht! Bitte nicht jetzt! Ich hab doch noch so viel vor!!" Es sind Gedankenfetzen, an die Bruder Stephan sich erinnert, wenn er über jenen Moment nachdenkt, in dem er bei einer gewaltigen Steinhauerarbeit zwischen zwei mächtigen Steinblöcken eingeklemmt wurde. Intuitiv hatte er in diesem Moment eine Ahnung davon, dass das möglicherweise ein schlimmes Ende für ihn nehmen könnte. Angst, Todesangst, hat seitdem eine Farbe für ihn: Titanweiß.

In den Tagen und Wochen nach diesem Unfall, als er mehr tot als lebendig war und die Ärzte auf der Intensivstation um sein Leben kämpften, gewann das Bewusstsein für die Endlichkeit allen Lebens eine ganz neue Qualität für ihn. Wir wähnen uns – gerade in jungen Jahren – unverwundbar. Dabei kann von einem Augenblick zum nächsten alles vorbei sein. Das am eigenen Leib im wahrsten Sinn des Wortes zu erleben, ist eine prägende Erfahrung, die ihn fortan wie eine Art Grundgestimmtheit in seiner Arbeit und seiner Kunst begleiten wird. Zumal er sich auch schon vor seinem Unfall, während der Jahre seiner Floristenausbildung, vom Thema der Vergänglichkeit in besonderer Weise angesprochen fühlte. Mit Blumen Räume zu erschaffen und zu

„Porträt meines Vaters", Kaltnadelradierung, November 2018

gestalten, sei ja nur die eine Seite, sagt er. Gleichzeitig verbinde sich damit die Erfahrung, dass keiner dieser Räume dauerhaft und „für die Ewigkeit" geschaffen werde. „Blumen sind die eindrucksvollste Möglichkeit, das Thema Vergänglichkeit und das Werden und Vergehen in der Natur – wie im Leben – optisch in Szene zu setzen."

Immer wieder wird er in späteren Jahren und im Rahmen seiner künstlerischen Tätigkeit auf diese Erkenntnisse zurückgreifen, 2024 zum Beispiel, als er eingeladen war, in Burghausen im Bistum Passau im Haus der Begegnung an einer Themenwoche „Der Tod und die Schönheit" teilzunehmen. Eine seiner dortigen Installationen bestand aus einem ganz schlichten hellen kantigen Sarg, um den herum er, hängend und kopfüber, weiße, langstielige Amaryllisblüten angeordnet hatte. Der Schrecken des Todes, symbolisiert im Sarg, aufgehoben in einem „Setting" voller Ästhetik und einer Schönheit, in der der kompakte Sarg in einem Ambiente reiner Leichtigkeit und wohltuender Helligkeit aufgehoben war: So „liebevoll", so „schön" kann die Begegnung mit dem Thema Sterben und Tod sein, wenn man sich darauf einzulassen versteht.

In seinem Klosteralltag hat Bruder Stephan das Abschiednehmen intensiv eingeübt: Da waren zum Beispiel die „kleinen Tode", der Abschied von Mitbrüdern, die ihm während des Noviziats ans Herz gewachsen waren, die sich dann aber für einen Weg entschieden, der sie wieder aus dem Kloster hinausführte. Jeder Weggang, so hat Bruder Stephan es empfunden, war immer auch eine Prüfung für den eigenen Weg, führte immer wieder an die existenzielle Frage, ob für die eigene Person der eingeschlagene Weg weiterhin der richtige war und bleiben würde.

Aber auch der reale Tod vieler Mitbrüder ist für Bruder Stephan zu einer tief bewegenden Lebenserfahrung geworden.

„Jeder stirbt anders, und es ist fast immer schwer. Aber wenn wir das Sterben begleiten, werden wir selbst auch verändert: Man ist danach ein anderer." Ein anderer? „Man wird demütiger, gütiger."

Im Kloster, in der Gemeinschaft der Mönche, die füreinander eine Art neue Familie bilden, wo jeder Einzelne seinen Platz hat, beim gemeinsamen Beten im Chorgestühl, bei den Mahlzeiten, bei den Aufgaben, die es zu verrichten gilt, haben Sterben und Tod eine unübersehbare Präsenz. Wenn da auf einmal jemand fehlt, entsteht eine Lücke, ein Vakuum, das den Verlust unmittelbar und schmerzlich spürbar macht. Wenn der verstorbene Papst Franziskus in einer seiner Ansprachen beklagt hat, dass die Welt verlernt habe zu weinen, kann Bruder Stephan dem nur zustimmen. Tränen zu vergießen beim Tod eines nahen Menschen, ist für ihn Ausdruck einer besonderen Emotion, eines Angerührtseins, das bestimmte Lebenssituationen heraushebt aus der Alltäglichkeit. Tränen und Trauer fügen sich. Gemeinsam zu weinen über den Tod eines geliebten Menschen, kann etwas schaffen, was für ihn zu dieser existenziellen Erfahrung unbedingt dazugehört, quasi als Kehrseite des Abschiednehmens. Denn für die, die zurückbleiben, können der Tod eines Menschen und die Trauer über den Verlust zu einem neuen Bindeglied werden. Gemeinsam zu trauern, sich gemeinsam zu erinnern, gemeinsam das Gedenken an einen Verstorbenen wachzuhalten – das kann eine enorme gemeinschaftsstiftende Kraft entfalten, in einer Klostergemeinschaft ebenso wie in einer Familie oder einem Kreis von Freunden.

Als 2018 absehbar war, dass Bruder Stephans Vater dem Tod entgegenging, stellten die Mönche in Maria Laach ihren Mitbruder Stephan frei, damit er den Vater auf seinem letzten Weg begleiten konnte. Dafür ist er den Mitbrüdern unendlich dankbar. Über mehrere Wochen begleitete er den Sterbeprozess aus nächster Nähe, konnte mit dem Vater noch über vieles sprechen, Erinnerungen auffrischen, lose Enden ihrer Beziehungsgeschichte verknüpfen. „Ich habe in dieser Zeit am eigenen Leib erlebt, wie es ist, in einer solchen Zeit aus dem Alltagsgeschehen herausgeholt zu sein, wesentlich zu werden, im wahrsten Sinn des Wortes, all das hinter sich zu lassen, was einen im normalen Alltag umtreibt und bekümmert." Und es sei eine existenzielle Erfahrung gewesen, dem Tod ins Gesicht geschaut zu haben. Diese letzte Begegnung sei so wichtig, um zu begreifen: „Jetzt ist er wirklich tot ..."

In den Nächten, die er wachend am Bett des Vaters verbrachte, fertigte Bruder Stephan Radierungen an, brachte filigrane Konturen von Menschen zu Papier, nur schemenhaft erkennbar. „Wir brauchen dich", betitelt er später eines dieser Bilder, und ein anderes: „Du musst keine Angst haben." Bei Martin Kätelhön in Köln lässt er auch die nächtlichen, in der Begegnung mit dem Tod entstandenen Radierungen drucken. Zwei Farben sind dabei vorherrschend – ein zartes Violett und ein ebenso zartes Gelb. Kein Zufall, sagt Bruder Stephan, sondern zutiefst symbolisch. Denn würde man die beiden Farben mischen, entstünde daraus ein braunroter Farbton, „caput mortuum" genannt, „Totenkopf"!

Wie existenziell eine Sterbebegleitung die Seele berührt, zumal wenn der Sterbende ein enger Familienangehöriger ist, erfährt Bruder Stephan nach dem Tod des Vaters am eigenen Leib. Aus der inneren Verstörung durch das Erlebte fasst er den Entschluss, für das im Rahmen seines Studiums erforderliche Praktikum in die Benediktinerabtei Münsterschwarzach und dort zu Pater Meinrad Dufner zu gehen. Der ist nicht nur Künstler, sondern auch spiritueller Begleiter, und bei ihm fühlt Bruder Stephan sich mit seiner Trauer und seinen vielen Fragen gut aufgehoben. In der Tat werden die nachfolgenden vier Monate zu einer intensiven und guten Zeit. Betend, redend und arbeitend verbringen die beiden Benediktiner viel Zeit miteinander. Ihr gemeinsames Tun findet am Ende Ausdruck in einer Fastenausstellung in der Abtei Münsterschwarzach zum Thema „Tragfähig“: Die Präsentation umfasste zum einen einen Kreuzweg mit sieben Stationen in Form von Heliogravuren. Hergestellt wurden die dafür benötigten Druckstöcke aus ehemaligen Zimmerkreuzen. Jede Station zeigt den gekreuzigten Christus, darüber angeordnete geometrische Formationen interpretierten die jeweilige Kreuzwegstation. Im zweiten Teil der Ausstellung wurden auf lebensgroßen Kreuze Abgüsse der Christusfigur von Maurus Kraus angebracht – dass der Korpus dabei „aufgebrochen“ wurde und immer nur einzelne Körperteile, Arme oder Beine oder Lenden, am Kreuz befestigt waren, sorgte für die neue, herausfordernde Perspektive. „Wie tragfähig ist mein Glaube, wie tragfähig ist meine Beziehung zum Kreuz und zum Gekreuzigten? Diese Fragen, die Teil meiner eigenen Trauerbewältigung waren, haben unmittelbar Eingang in dieses Gemeinschaftswerk von Pater Meinrad und mir gefunden“, so Bruder Stephan. „Die gemeinsam zugebrachte Zeit war wertvoll und wichtig für mich.“

Totengedenken in Maria Laach

Dass auch in „seinem“ Kloster eine lange Tradition der Bestattung und des Gedenkens gepflegt wird, kommt Bruder Stephan entgegen: Mit seiner Errichtung einer Kirche am Laacher See als künftigem Ort der eigenen Bestattung verband einst Pfalzgraf Heinrich II. die Stiftung eines Klosters, damit die Mönche an seinem Grab Gottesdienste halten und seiner gedenken konnten. Bis heute gehört das Gebet für die Verstorbenen zum täglichen Gottesdienst in Maria Laach. Die alten Grabsteine in der Abteikirche und im Kreuzgang erinnern an die lange Tradition der Bestattung an diesem Ort. Diesen über Generationen gewachsenen „Geist" gilt es für Bruder Stephan lebendig zu halten, das heißt, mit neuem, zeitgemäßem Leben zu füllen. Denn so unabänderlich Tod und Sterben sind, so sehr ist der Umgang damit einem stetigen Wandel unterworfen. Während jahrhundertlang die Rituale des christlichen Glaubens und einer gewachsenen Volksfrömmigkeit den Tod gleichsam ins Leben hineinholten, hat in den zurückliegenden Jahrzehnten eine fortschreitende Tabuisierung zu einer Ausgrenzung des Themas aus den Alltagsbezügen geführt.

Bruder Stephan, der selbst aus einer kleinen dörflichen Gemeinschaft stammt, erinnert sich noch gut an nachbarschaftliche Totenwachen, an gemeinsames Beten, gemeinsame Verabschiedung im Gottesdienst, an Trauerzüge, an denen fast der ganze Ort beteiligt war, an das Zusammensitzen bei Kaffee und Brötchen nach der Beerdigung. All das kann den Verlust eines geliebten Menschen nicht wettmachen, wohl aber helfen, mit der Trauer leben zu lernen. Der christliche Glaube daran, dass der Tod nicht das Ende bedeutet, wohl aber unsere Einstellung dem Leben gegenüber tiefer, bewusster, intensiver gestalten kann, hat sich tief in Bruder Stephans Seele eingeschrieben. Ob als Mönch oder als Bildhauer, als Florist, als Trauerbegleiter oder, seit Kurzem, auch als Bestatter: In all seinem Tun nimmt das Thema der Vergänglichkeit breiten Raum ein.

2018 organisierte er in Maria Laach eine Bestattermesse: Für diese Fachmesse entwickelte er einen ebenso einprägsamen wie sinnfälligen Titel: „Tröstende Trauer". Schon damals spürte er die immense Herausforderung für alle diejenigen, die heute professionell mit Sterben und Tod und mit den Menschen in ihrer Trauer befasst sind. Denn die Tabuisierung des Todes auf der einen und die immer größere Distanz zu den Angeboten der christlichen Kirchen auf der anderen Seite verändern auch Rolle und Aufgabe der Bestatter im Umgang mit trauernden Angehörigen, Familien, Freunden.

Ein Fokus der Präsentation richtete sich auf die handgefertigten, in unterschiedlichen Grundformen hergestellten Urnen aus der Laacher Keramikwerkstatt. Angesichts eines wachsenden Trends zu Feuerbestattungen kommt diesen irdenen Gefäßen, in denen die sterblichen Überreste eines Verstorbenen eine letzte Heimat finden, große Bedeutung zu. Traditionell war die Feuerbestattung in der katholischen Kirche nicht erlaubt. Und auch, wenn dieses Verbot 1963 aufgehoben wurde, tun sich viele Katholiken immer noch schwer mit dieser Entscheidung. „Von der Erde bist du genommen, und zur Erde kehrst du zurück", lautet bei einem christlichen Begräbnis der Begleitspruch, wenn Erde auf den Sarg geworfen wird. Bruder Stephan verlieh diesem Satz für sein Urnen-Konzept eine neue, zukunftsweisende Bedeutung: Denn für die Urnen wählte er Ton aus Tongruben ganz aus der Nähe des Klosters. Die verschiedenen Grundformen sind alle von der schlichten Bauhaustradition Theodor Boglers inspiriert. „Die Geborgenheit des Lebens und des Sterbens in der Hand Gottes verdeutlicht sich für mich in diesen Urnen", sagt er. Der entscheidende Aspekt für ihn war dabei, eine Möglichkeit zur „Individualisierung" zu schaffen. Ob liebevoll von Hand bemalt oder mit Symbolen der Erinnerung und der Hoffnung geschmückt – es komme darauf an, dass die Zurückbleibenden eine emotionale Verbindung aufbauen könnten zu diesem Gefäß, in dem die Asche des Verstorbenen aufbewahrt wird, findet er. Kleine „Gedenkstücke" erfreuen sich inzwischen großer Beliebtheit – ein Gingkoblatt oder ein Engelsflügelpaar zum Beispiel, von dem eine Hälfte auf der Urne verbleibt, während die andere als Anhänger an einer Kette Verbundenheit über den Tod hinaus signalisiert.

Den Tod ins Leben zurückholen

So wichtig wie die Wahl der „richtigen" Urne, so wichtig seien oft die Begegnung und das Gespräch mit den Trauernden. Nicht selten kommen Angehörige nach Laach, um dort direkt eine Urne und deren Gestaltung auszuwählen. Mit großer Dankbarkeit erleben viele, dass ihnen dann in Bruder Stephan ein Mensch begegnet, der nicht nur über die praktischen Vorkehrungen einer Beisetzung mit ihnen spricht, sondern auch ein offenes Ohr für ihre Trauer hat. Sich Zeit zu nehmen für die Trauer: ein zentrales Thema. Er erlebe so oft Trauernde, die keinen hatten, der mit ihnen gebetet hätte, keinen, der ihnen zugehört hätte, keinen, der ihrer Trauer Platz gegeben hätte. „Hier ist Zeit", sagt Bruder Stephan. Und wer mag, kann innehalten, in der großen Abteikirche, im Gebet, bei der Teilnahme an einem Gottesdienst. Und wenn die Angehörigen es wünschen, betet die Mönchsgemeinschaft am Tag der Beerdigung des Verstorbenen für den Toten. Im Gespräch ermutigt der Benediktiner die trauernden Angehörigen, sich Zeit zu nehmen für ihre Trauer, so viel Zeit, wie sie benötigen, bis sich aus der Trauer etwas entwickelt, was Dankbarkeit, Auferstehungsglaube, Hoffnung sein kann. In der Trauer und im Umgang damit sei jeder Mensch verschieden, und das sei das gute Recht jedes Einzelnen. Noch vor Jahrzehnten habe es Rituale der Trauer gegeben, das Tragen schwarzer Kleidung, das den

Trauernden erkennbar machte, das kirchliche Sechswochenamt, das erste Jahrgedächtnis. Sie hätten eine Art Schutzraum für die Angehörigen eines Verstorbenen geschaffen, in dem ihnen „zugestanden" wurde, sich in einer Ausnahmesituation zu befinden, aus den alltäglichen Bezügen des Lebens herausgenommen zu sein. Dass davon erkennbar heute nichts mehr vorhanden ist, macht es aus der Sicht von Bruder Stephan nicht einfacher. Denn jetzt muss jeder Trauernde für sich selbst einen Weg finden, wie er sich mit seiner Trauer in einer Umgebung arrangiert, die für Trauer keine „Antennen" mehr hat.

Weil ihm das Thema so besonders am Herzen liegt, hat Bruder Stephan sich zum Trauerbegleiter weiterbilden lassen. Diverse Praktika haben ihm darüber hinaus tiefe Einblicke in die Arbeit eines Bestatters gewinnen lassen. Inzwischen arbeitet er für ein traditionsreiches Bestattungshaus in Koblenz – und erhält dort noch einmal eindringliche Einblicke darin, wie unterschiedlich Menschen mit solchen Grenzerfahrungen umgehen. Ihn selbst, der von sich sagt, „nah am Wasser gebaut zu haben", wundert es dabei immer wieder, wie selten er Menschen am Totenbett oder am Sarg weinen sieht, wie reduziert in vielen Fällen die Anteilnahme ist, wie selten noch Familien mit Kindern und Enkeln und weiteren Angehörigen kommen, um von einem oder einer Verstorbenen Abschied zu nehmen. „Was man in solchen Situationen erlebt, sagt eine Menge aus über unser Verhältnis zu Tod und Sterben", sagt er. „Aber mindestens ebenso weitreichend sind die Einblicke in das frühere (Zusammen-)Leben."

Es ist seine Hoffnung, durch seine praktische Arbeit wie durch sein künstlerisches Schaffen der allgegenwärtigen Tabuisierung des Todes entgegenwirken zu können. Wenn er in der Vorbereitung einer Abschiedsfeier oder eines Gottesdienstes zu erspüren versucht, wie das Beziehungsgefüge zwischen dem Verstorbenen und den Hinterbliebenen war, entsteht in seinem Kopf zuweilen ganz schnell eine Vorstellung davon, wie man für diese Menschen einen „maßgeschneiderten", an- und berührenden Raum des Abschieds schaffen kann. Ein solch „guter Abschied" liegt ihm am Herzen, denn er ist überzeugt, dass darin der Kern für ein „gutes Weiterleben" mit der Erinnerung und im Gedenken an den Toten liegt.

Wie das konkret aussehen kann? Bruder Stephan erinnert sich an den frühen Tod eines Landwirts. Die Urne, in der er bestattet wurde, war aus der Erde gemacht, über die er immer gelaufen war: Erde aus der Nähe von Maria Laach. Eine Bestattungsfeier, wie es üblich ist, konnte es wegen der damaligen Coronabestimmungen nicht geben. Das brachte Bruder Stephan auf eine Idee: „Stellt die Urne ins Feld! Dorthin, wo er ausgesät und geerntet hat." Einen ganzen Tag lang hatten Angehörige und Freunde in kleinen Gruppen Gelegenheit, dorthin zu kommen für ein letztes Lebewohl.

In einem anderen Fall fand die Beisetzungsfeier in einer Friedhofskapelle an einem Apriltag statt, wo die Natur draußen allenthalben zu neuem Leben erwachte. Bruder Stephan holte riesige Kirschblütenzweige in die Kapelle und schuf daraus einen Hain, in den die Urne sich wie selbstverständlich einfügte. Welch eindrucksvolles Bild für den Zusammenhang von Tod und neuem Leben!

„Bedenkt: den eignen Tod, den stirbt man nur,/ Doch mit dem Tod der andern muss man leben", heißt es in einer Gedichtzeile der jüdischen Lyrikerin Mascha Kaléko. Bruder Stephan hat beides erlebt, den eigenen Tod, dem er nur um Haaresbreite entkommen ist, und die vielen Tode von ihm anvertrauten Menschen, in der Familie, im Kloster, im Freundeskreis, in der Ausübung seiner Arbeit als Trauerbegleiter und Bestatter. Mit dem

Tod und dem Wissen um ihn zu leben, nicht gegen ihn: Das hat sich über die Jahre zu seiner Herzensbotschaft entwickelt. Im Kirchenjahr sind es nicht zufällig die Kar- und Ostertage, deren Botschaft ihn stets aufs Neue zutiefst berühren und mit dem frohen Gedanken erfüllen: Der Tod hat nicht das letzte Wort.

„... über denen, die im Land der Finsternis wohnen, strahlt ein Licht auf",
Altarbild Metall im Raum der Stille, BFW Vallendar, 2025

Epilog

> Der Engel des HERRN rief Abraham zum zweiten Mal vom Himmel her zu und sprach: Ich habe bei mir geschworen - Spruch des HERRN: Weil du das getan hast und deinen Sohn, deinen einzigen, mir nicht vorenthalten hast, will ich dir Segen schenken in Fülle und deine Nachkommen überaus zahlreich machen wie die Sterne am Himmel und den Sand am Meeresstrand. Deine Nachkommen werden das Tor ihrer Feinde einnehmen. 1 Mose 22,15–22,17

◆ *Tiefdunkel, dunkel wie die Finsternis – so ist dieser Farbton. Dass aus dem absoluten Dunkel der Finsternis ein Hoffnungszeichen entstehen kann, dass etwas Schönes, Strahlendes daraus hervorgehen kann: Diese Vorstellung übersteigt die Vernunft. Sie ist unvernünftig. Aber Verstand und Vernunft haben nicht immer das letzte Wort. Und so steht diese Farbe für mein Urvertrauen, etwas schaffen zu können, was im Grunde nicht möglich ist.* *Bruder Stephan*

Silvester in Maria Laach. Bis kurz vor Mitternacht hat Bruder Stephan mit ein paar Freunden in seinem Atelier zusammengesessen. Dann hat er sich zur Nikolauskapelle neben dem Laacher Friedhof zurückgezogen. Der liegt leicht erhöht und ist komplett in Dunkel gehüllt. Nicht einmal der Mond spendet Licht in dieser Nacht. Aber das stört Bruder Stephan nicht, denn er weiß, dass ihn hier gleich ein ganz besonderer Moment erwartet.

Vom Klostergelände dringt kein Geräusch bis hier nach oben auf den Friedhof – Grabesstille im wahrsten Sinn des Wortes.

Dabei herrscht zwischen Seehotel und Abteikirche heute Nacht reges Treiben. Viele Menschen sind zum Jahreswechsel angereist und warten jetzt in kleinen Gruppen auf den Beginn des neuen Jahres. Nicht Kracher und Böller werden um Mitternacht zu hören sein. Vielmehr wird das prächtige Geläut der Glocken aus dem Westturm der Abteikirche das neue Jahr begrüßen. Nicht weniger als fünfzehn Glocken hängen im Klosterbereich von Maria Laach. Zwölf von ihnen bilden im Glockenstuhl des mittleren Turms des Westwerks das größte Glockenensemble in Rheinland-Pfalz. Und alle zwölf kommen um Mitternacht zum Einsatz, um das neue Jahr zu begrüßen.

Wenn Bruder Stephan das Geläut der Glocken hört, verbindet sich dieser Klang für ihn mit dem dankbaren Gefühl des Nachhausekommens oder Zuhauseseins. Fast sein halbes Leben hat er inzwischen im Kloster zugebracht, kennt jeden Winkel des weitläufigen Geländes, kennt die Menschen, die hier leben und arbeiten, kennt die wechselnden Stimmungen der Jahreszeiten. Hier zu leben, bedeutet ihm viel. Es ist keine heile Welt, kein Idyll. Es ist Tag für Tag ein gewaltiges Stück Arbeit, zuweilen auch Kampf. Aber es ist sein Weg, sein Leben, seine Heimat, innerlich wie äußerlich. Das Kloster ist der Ort, an dem er all das in Einklang bringen kann, was ihn ausmacht: Glaube und Künstlertum, Gottsuche und Kreativität.

Nirgendwo auf dem Klostergelände ist der Klang-Raum, den die Glocken erzeugen, so überwältigend wie auf dem Friedhof. Die Schallluken des Turms übertragen den Glockenklang nach hier oben in ganz besonderer Intensität. Deshalb liebt Bruder Stephan diesen Ort. Deshalb erwartet er hier das neue Jahr. Und wenn dann das Geläut ansteigt, die erste Glocke beginnt und eine zweite, dritte und vierte einstimmen, wenn das volle Geläut den Friedhof erfüllt, öffnet Bruder Stephan Ohren und Herz für diese überwältigende Klangfülle, nimmt sie in sich auf und lässt sich davontragen. Eingehüllt von den gewaltigen Stimmen der Glocken fühlt er sich in dieser Nacht an diesem Ort geborgen und beschützt. Es ist ein frohes, ein dankbares Gefühl. Tief in seinem Innern verbindet es sich mit einer eindringlichen Farbe und mit einer neuen Bildidee ...

Ausstellungen 2013–2025

Bruder Stephan Oppermann OSB

Werkform-Ausstellung Freising	Blumenkunst • 2013
Einweihung Grabeskirche Mönchengladbach-Rheydt	Blumenkunst • 2015
Nacht der offenen Kirchen, Hl. Kreuz, Köln	Blumenkunst • 2016
Paderborn Klostermuseum	Skulptur hl. Stephanus • 2016
Adventsausstellung Maria Laach	Holzschnitte, Keramik und Floristik • 2017
Maria Laach	Kettensägearbeiten, Nagel und Figur • 2017
Museumseröffnung Baumholder	Gipsfiguren • 2018
Ausstellung Kloster Münsterschwarzach, „Tragfähig"	Holzschnitte und Radierungen • 2019
Volksbank Frankfurt	Objekte, Prägedrucke, Bilder und Kettensägearbeiten • 2019
Cusanusstiftung Karlsruhe	Bilder und Radierungen • 2019
Prüfungsarbeiten Alanus Hochschule Bonn	Gipsfüße • 2019
Triptychon St. Gertrud, Köln	Holzschnitt • 2019
Triptychon Klostermuseum	Holzschnitt • 2019 Dalheim

Maria Laach	Kettensägearbeiten • 2019, (auch ausgestellt im Klostermuseum Dalheim)
2. Bauhausausstellung Maria Laach „Asche oder Feuer"	Keramische Aufbau-arbeiten • 2019
Bachelorarbeit, Präsentation Schloss Rommersdorf	35 Holzschnitte • 2020
Triptychon Mönchengladbach Rheydt, St. Marien	Acryl auf alten Bibelseiten und MDF-Platten • 2020
Ausstellung Schloss Burgau, Düren	Keramische Arbeiten (Bauhaus), Malerei und Radierungen • 2020
Ausstellung Maria Laach „Schatten und Licht"	Kettensägearbeiten, Holzschnitte, Malerei und Radierungen • 2020
Museum Boppard, Nexus IV, ARK – Stühle, „Autochthon"	Kettensägearbeit • 2020
Leprahilfe Ruth Pfau	Kettensägearbeiten • 2021
Fastentuch Bad Kreuznach	Acryl auf Stoff • 2021
Ausstellung Koblenz, Metternichhaus, ARK – Nexus	gr. Bild – Öl auf Holz • 2022
Ausstellung Koblenz, ARK – Nexus „Ostwärts"	Vergoldete Gipsplatte mit Struktur, „Ikone" • 2022
Ausstellung Koblenz, ARK – Nexus „Westwärts"	Stahlnadeln auf weißer Seide „Panzersperre – Westwall" • 2023

3 Fastentücher Monheim, St. Gereon u. Dionysius	Acryl auf Stoff
1 gr. Fastentuch, MG Rheydt, St. Marien	Acryl auf Stoff • 2023
Triptychon und Fastentuch, St. Severus, Boppard	Acryl auf Stoff und Holz • 2023
„Alter Dom“ Mainz, Triptychon	Acryl auf Holz • 2023
MG Rheydt, St. Marien	Leichentuch, Acryl auf Leinen • 2024
Osterzyklus Maria Laach „Gesichter der Passion“	Acryl auf Leinwand • 2024
Ausstellung ARK, Nexus V, „Im Dialog mit der Sayner Hütte“, Sayn	24 Keramische Aufbau-arbeiten • 2024 (Schamottton)
Innenministerium NRW „75 Jahre Grundgesetz“	11 Platten Öl auf Holz mit Textauszügen des Grundgesetzes
Katholikentag Erfurt „Zukunft hat der Mensch des Friedens“	5 Objekte Öl auf Holz, 3 Rollen Acryl auf Stoff • 2024
Ausstellung ARK, Nexus – „Südwärts“, Metternichhaus, Koblenz	Klöppelarbeit, ROT und WEISS • 2024
„Alter Dom“ Mainz, Kronen und Bilder	Keramische Arbeiten und Holzschnitte • 2024
Atelier Eva Maria Enders, lange Museumsnacht	Präsentation von Schmuckkollektion und Skulpturen • 2024

St. Nikolaushospital, Andernach, für Palliativstation	Skulptur, Keramische Aufbauarbeit • 2024
Berufsförderungswerk BFW Vallendar	Bilder, Skulpturen, Steine • 2024
Hauptfriedhof Koblenz „Achsenwechsel"	Installationen aus Stoff und Draht • 2024
Kirchengemeinde Saarlouis/ Saarbrücken	Krippenfiguren aus Ton (Menschen des Widerstandes) Weihnachten • 2024
Ausstellung Burghausen/ München „Der Tod und die Schönheit"	Glasfenster, Malerei, Floristik, verschiedene Totenkärtchen • 2024
Holzaltar etc. Mönchengladbach, Holt	Kettensägearbeiten • 2024
VKA Paderborn „10 Gebote"	Drucke, Holz, Papier • 2024
VKA Paderborn „Ausstellung für neues Hospiz"	Holzschnitte • 2024
Luxemburg, Gemeinde Rosport, 3 Könige	Frei modellierte Krippenfiguren aus rotem Ton • 2025
Osterzyklus Maria Laach	Osteroktav, Acryl auf Leinwand • 2025
„Begegnende der Passionsgeschichte", Aachen, und Korschenbroich, „Nägel"	Kettensägearbeiten • 2025
Boppard, St. Severus, „Flowing together"	Lehmkubus (2x) mit Seil • 2025

Stift Asbeck und Heimatmuseum, „Mystiker/innen“	Tonskulpturen, Objekte, Radierungen, Bilder, Sommer • 2025
Ausstellung „Im Rahmen“; Museum im Franck-Haus, Marktheidenfeld	Keramische Aufbauarbeiten – Skulpturen • 2025
Koblenz am Rittersturz, „Kunst im Wald“	Naturbezogene Arbeiten mit Schülern und/oder Studenten, gefördert und iniziiert durch das Kulturdezernat der Stadt Koblenz u.a. • jeweils in den Sommern 2020 bis 2024

Stephan Oppermann OSB, Jg. 1982, ist geboren in Boppard, aufgewachsen in Urbar am Rhein. Nach den Ausbildungen zum Gärtner und Floristen schloss er sich der klösterlichen Gemeinschaft der Benediktiner in der Abtei Maria Laach an. Neben seiner Arbeit in der dortigen Keramikmanufaktur und ersten künstlerischen Projekten absolvierte er in Freising ein Studium zum Gestalter für Blumenkunst und anschließend in Alfter ein Studium der Bildhauerei. Kunstinstallationen und Ausstellungen seiner Werke machten ihn weit über Maria Laach hinaus bekannt.
https://www.artundweiseleben.de/

Dr. Rita Mielke, Jg. 1957, ist geboren und aufgewachsen in Korschenbroich. Nach einem Studium der Germanistik, Anglistik und Komparatistik wurde sie 1985 an der RWTH Aachen mit einer Dissertation über den Schriftsteller Ernst Weiß promoviert. Als Redakteurin arbeitete sie mehrere Jahre im FAZ-Magazin. 1989 gründete sie ein eigenes Kultur- und Literaturbüro, arbeitete als freie Journalistin u. a. für den Rundfunk, organisierte Literaturevents und Kulturveranstaltungen, konzipierte Zeitschriften und Magazine und schrieb zahlreiche Bücher. Seit 1995 lebt sie wieder in Korschenbroich. Mielke ist verheiratet und Mutter einer Tochter.

Unser Dank gilt allen, die zum Gelingen des Buches beigetragen haben, insbesondere Annette Höller: Mit ihrer Akribie und ihrem Kenntnisreichtum war sie uns eine allzeit verlässliche Hilfe bei allen anstehenden Fragen.